Klett Lektürehilfen

Georg Büchner

Dantons Tod

Interpretationshilfe für Oberstufe und Abitur

von
Hansjürgen Popp

Inhaltsangabe der Lektüre als mp3-Download unter
http://www.klett-lerntraining.de. Klicken Sie bei Downloads Lektürehilfen an.

Sie können auch direkt auf die Seite gehen mit:
http://www.klett-lerntraining.de/main/bookset-03-books

Klett Lerntraining

Dr. Hansjürgen Popp, langjähriger Lehrer für Deutsch und Latein an Gymnasien in Stuttgart.

Die Textzitate folgen der Ausgabe:Georg Büchner: *Dantons Tod*. Stuttgart: Reclam 2002 (Reclams Universal-Bibliothek Nr. 6060)

Bibliografische Information der Deutschen Nationalibibliothek
Die Deutsche Nationalbibliothek verzeichnet diese Publikation in der Deutschen Nationalbibliografie; detaillierte bibliografische Daten sind im Internet über http://dnb.dnb.de abrufbar.

Dieses Werk folgt der reformierten Rechtschreibung und Zeichensetzung. Ausnahmen bilden Texte, bei denen künstlerische, philologische oder lizenzrechtliche Gründe einer Änderung entgegenstehen.

1. Auflage 2018

www.klett-lerntraining.de
Umschlagfoto: Picture-Alliance / Erwin Elsner, Frankfurt / M.
Kapitel Schnellcheck: Klett Lerntraining, Stuttgart
Teamleitung Sekundarstufe II: Christine Sämann
Satz: DOPPELPUNKT, Stuttgart
Druck: medienhaus Plump GmbH, Rheinbreitbach
Printed in Germany
ISBN 978-3-12-923133-3

1 Inhaltsangabe und erste Deutungsaspekte

2 Analyse und Interpretation

1 Inhaltsangabe und erste Deutungsaspekte

Der inhaltliche Aufbau des Dramas

Akt I: Exposition des Gegensatzes Danton/Robespierre

KURZINFO

Akt I

- **I,1** Einführung Dantons und seiner Freunde.
  - Danton: Vereinsamung, Bewusstsein der Vergeblichkeit, Ablehnung der Aktivität, existenzielle Skepsis.
  - Dantons Anhänger: Liberalismus-Programm.
  - Ideale Camilles: Lebensgenuss und Schönheitsfreude.
- **I,2** Einführung Robespierres.
  - Das Volk: materielles Elend; radikale Tendenzen.
  - Robespierres Programm: Tugend und Terreur.
- **I,3** Robespierres programmatische Rede: Abwehr der Gefahren; Durchsetzen des Terrors.
- **I,4** Lacroix erkennt die Gefährlichkeit der Lage.
- **I,5** Marion: Genießen und Tristesse.
  - Grisetten: Das symbolische Syphilis-Thema.
  - Lacroix: Vergebliche Warnung Dantons.
- **I,6** Konfrontation Danton/Robespierre, Reorganisation vs. Fortsetzung der Revolution und der Terreur-Politik.
  - Entlarvung von Robespierres Tugendideologie.
  - Dantons Bekenntnis zum Epikureismus.
  - Monolog Robespierres: Verunsicherung durch Dantons Angriff. Vision von der Herrschaft dämonischer Triebe.
  - Saint-Just: Forderung sofortigen Handelns.
  - Monolog Robespierres: Seine Rolle des „Blutmessias".

I,1 – [Ein Spielsalon]: Einführung Dantons und seiner Freunde

Einführung Dantons im Milieu des Spielsalons

Das Stück beginnt in einem Spielsalon – in einem Milieu also, bei dem man eher an die Aristokratengesellschaft des Ancien Régime denken möchte als an die Helden der Französischen Revolution. In dieser elegant-frivolen Umgebung wird Danton zuerst gezeigt, allerdings in beträchtlicher innerer Distanz zu dem Treiben um ihn he-

Dantons Themen: Isolation und Todessehnsucht

rum. Im Gespräch mit seiner Frau lässt er schon die Stimmung erkennen, die ihn beherrscht und die seine Haltung bestimmen wird. Das Gefühl der Vereinsamung, der Unmöglichkeit zwischenmenschlicher Kommunikation, nach der man doch so verzweifelt verlangt, dass man sich „die Schädeldecken aufbrechen und die Gedanken einander aus den Hirnfasern zerren“ möchte. Aus diesem Bewusstsein des Verlorenseins und der Vergeblichkeit resultiert der Wunsch nach einer letzten Geborgenheit oder Ruhe: die Todessehnsucht.

Das Gespräch Dantons mit Julie, das selbst auch keine Kommunikation erreicht, sondern in einem Monologisieren Dantons stecken bleibt, hat als Folie das leichtfertig-zweideutige Geplauder, das Hérault, einer der Danton-Freunde, mit einer Dame beim Kartenspiel treibt.

Die eigentliche Handlung setzt ein, als zwei weitere Danton-Anhänger eintreten, die die politische Thematik ins Spiel bringen. Camille Desmoulins und Philippeau berichten von der Hinrichtung der Hébertisten an diesem Tag (der demnach der 24. März 1794 ist), einem neuen Akt der *terreur* (der ‚Herrschaft‘ des Schreckens), der zu einer ernsthaften Diskussion über die politische Lage zwinge. Die drei Danton-Freunde entwickeln nun nacheinander das Programm der Danton-Fraktion. Philippeau erhebt konkret die Forderung nach Einrichtung eines Gnadenausschusses und Wiederaufnahme der ausgestoßenen Deputierten (d.h. der Girondisten, soweit sie die Säuberungen überlebt haben). Hérault verkündet ein Programm des bürgerlichen Liberalismus. Er fordert Reorganisation statt Revolution, Rechte statt Pflichten; und vor allem: „Jeder muss in seiner Art genießen können“, das Tun des Einzelnen „geht den Staat nichts an“. Allerdings erkennt Hérault die Notwendigkeit, einschränkend hinzuzusetzen, dass „keiner auf Unkosten eines andern genießen“ dürfe.

Das Programm der Danton-Fraktion
- „Mäßigung“ und Gnade
- Bürgerliche Freiheiten

Camilles Ideale: Lebensgenuss und Schönheitsfreude

Daran anknüpfend formuliert Camille sozusagen den lebensbejahenden und ästhetischen Aspekt dieses liberal-individualistischen Programms, indem er Lebensgenuss und Schönheitsfreude der griechischen Antike mit der finsteren Bürgertugend und sinnenfeindlichen Sittenstrenge der alten Römer konfrontiert, auf die sich die jakobinische Revolution so gern beruft. Nach Camille soll die Staatsform nur „ein durchsichtiges Gewand sein", das wie bei einer Plastik jedes Sich-Rühren des Lebens zulässt und in seiner Schönheit sichtbar macht. Nicht mehr die blutig-finsteren politischen Märtyrer der Jakobiner (Marat und Chalier) sollen Leitbilder des politischen Lebens sein, sondern „die Venus mit dem schönen Hintern" – jene Plastik, die Inbegriff schönheitsbejahender Sinnenfreude ist, und „der göttliche Epikur" – der griechische Philosoph, dessen Lehre man (verkürzend) allgemein als Anweisung zum Lebensgenuss versteht.

Dantons skeptische Distanziertheit

Danton hat die politischen Thesen seiner Freunde distanziert-unbeteiligt angehört; er lässt sich erst ins Gespräch ziehen, als Camille ihn direkt auffordert, er solle den Vorstoß im Nationalkonvent machen. Seine Reaktion zeigt, dass er das Programm seiner Freunde für nicht realisierbar hält: „Wer soll denn all die schönen Dinge ins Werk setzen?" Philippeaus Antwort „Wir und die ehrlichen Leute" erweist die Berechtigung von Dantons Skepsis; denn „ehrliche Leute" (*les honnêtes gens*) ist der Terminus technicus für eine Gruppe, die der Revolution (und wohl auch der Republik) feindlich gegenübersteht. Mag Danton, wie seine Erwiderung nahelegt, auch eher an die Angehörigen der gehobenen Bourgeoisie denken als an Altadelige: geeignete Bundesgenossen für Republikaner und Revolutionäre (wenn auch neuerdings gemäßigte) sind diese ehrlichen Leute gewiss nicht. Und außerdem, meint Danton, sei es zweifelhaft, ob die ehrlichen Leute überhaupt mit den Dantonisten, die ja alle führende Radikale gewesen sind, zusammengehen würden.

Das Fehlen von Bundesgenossen (Fragwürdigkeit der „ehrlichen Leute")

Skeptische Lagebeurteilung Dantons

Überdies zweifelt Danton an der Richtigkeit der Lagebeurteilung seiner Freunde. Gegen Héraults These, dass die Revolution „in das Stadium der Reorganisation gelangt" sei, setzt er seine (richtige) Prophezeiung: „Die Statue der Freiheit ist noch nicht gegossen, [...] wir alle können uns noch die Finger dabei verbrennen." – Was Danton jedoch wirklich abhält, aktiv zu werden, ist nicht die unterschiedliche Beurteilung der politischen Situation, sondern vielmehr das am Anfang der Szene exponierte Bewusstsein der Sinnlosigkeit zielgerichteten politischen Handelns überhaupt. Aus dieser grundsätzlichen Skepsis heraus entzieht er sich dem Aktivismus seiner Freunde: „Ich muss fort, sie reiben mich mit ihrer Politik noch auf."

Dantons existenzielle Skepsis

Gegensätze zwischen Dantonisten und der Partei Robespierres

Erkennbar wird in dieser Eingangsszene, dass die Gruppe um Danton im Gegensatz steht zu der offiziellen Politik der „Dezemvirn", d.h. der Männer des von Robespierre gelenkten Wohlfahrtsausschusses. Es handelt sich zwar einerseits um einen politischen Gegensatz, der durch die Antithesen Revolution/Reorganisation, Schrecken/Erbarmen gekennzeichnet ist, andererseits deutet sich aber auch ein moralisch-philosophischer Gegensatz an zwischen den Idealen Tugend und Genuss (personalisiert in der Bezugnahme auf Rousseau, den „Genfer Uhrmacher", bzw. Epikur).

Meinungsunterschiede zwischen den Dantonisten und Danton

Angedeutet werden weiterhin Probleme innerhalb der Gruppe um Danton. Unübersehbar ist die Diskrepanz zwischen der zuversichtlichen Aktivität der Dantonisten und der durch eine existenzielle Skepsis bedingten Passivität Dantons selbst. Es ist auch klar, dass ein derart von Todessehnsucht gekennzeichneter Danton nicht zu dem unbeschwerten Genießen imstande ist, das Camille preist. Und andererseits machen Milieu und Ton des Spielsalons (und erst recht die Hoffnung auf die Partnerschaft der „ehrlichen Leute") das liberale Programm der Dantonisten, die schönen Worte vom freien Genuss für jedermann in einem freien Staat, einigermaßen zweifelhaft. Man fragt sich, ob dieser Lebensstil das angestrebte Ergebnis der Revolution sein kann und wann das (von Hérault praktizierte, von Camille propagierte) Genießen beginnen muss, „auf Unkosten eines andern" zu gehen. Bei diesem Thema setzt die folgende Szene an.

Fragwürdigkeit des Lebensstils der Dantonisten

I,2 – Eine Gasse: Das Volk / Einführung Robespierres

Abrupter Szenenwechsel

Die zweite Szene setzt abrupt an einem konträren Ort ein. Aus dem Salon wird man auf die Straße versetzt; nach der herrschenden Schicht der Revolution sieht man nun das einfache Volk. Der betrunkene Kleinbürger Simon beschimpft und prügelt seine Frau, weil sie aus Armut ihre Tochter zur Prostitution angehalten hat. Simon ist Theater-Souffleur; von diesem Beruf rührt seine komisch überhöhte Sprechweise her: die Tragödienzitate, das Hinübergleiten in Verse, das lächerliche Pathos. Die römisch-republikanische Drapierung („Ha Lucrecia! ein Messer, gebt mir ein Messer, Römer!") ist ein Stück Zeitkolorit, das Büchner hier einführt und zugleich parodiert, ebenso wie die Tugendideologie Si-

Der groteske Kleinbürger Simon

mons. Die Lächerlichkeit von Simons Pathos wird entlarvt durch die Konfrontation mit den groben, aber sehr viel ehrlicheren Kommentaren seiner Frau und der Bürger: entlarvt auch durch die komischen Verwechslungen, die Simon unterlaufen (eine „Vestalin" beispielsweise ist die vornehme, zur Jungfräulichkeit verpflichtete Priesterin des ewigen Feuers auf dem Staatsherd im alten Rom; Simon will aber etwas wie ‚alte Kupplerin' sagen). Als verlogen erweist sich auch die mit altrömischer Sittenstrenge vorgetragene moralische Entrüstung Simons. Seine Frau macht drastisch deutlich, dass er nur von der Prostitution seiner Tochter lebt.

Entlarvung von Simons lächerlichem Pathos

Nachdem der Zweite Bürger eine Weile den Streit des Paares mit witzigen Kommentaren begleitet hat, greift der ernsthafte Erste Bürger ein und nutzt den Anlass zur Propaganda für eine radikal-soziale Weiterführung der Revolution (etwa im Sinn der Sansculotten): Das Mädchen werde nur durch den Hunger zur Hurerei gezwungen; Schuld an der elenden Lage des Volkes seien die Reichen, die von der Ausbeutung der Arbeitenden lebten. Und der Dritte Bürger radikalisiert diese Propaganda weiter, indem er darauf hinweist, dass der bisherige Verlauf der Revolution noch unbefriedigend sei: Sturz und Liquidierung der Aristokraten, des Königs (des „Veto") und der Girondisten hätten dem armen Volk nichts eingebracht. Die Revolutionsgewinnler, die neuen Reichen, hätten den Besitz der Beseitigten an sich gebracht („die Toten ausgezogen"), während für die Armen immer noch gelte: „Unser Leben ist der Mord durch Arbeit, wir hängen sechzig Jahre lang am Strick und zappeln."

Radikal-soziale Agitation der „Bürger"

Die beiden Redner repräsentieren diejenige Gruppierung des Volkes, die entschlossen ist, sich selbst zu helfen, indem sie die Besitzenden enteignet und beseitigt. Die Reden rufen allgemeine Begeisterung für neue Gewalttätigkeiten hervor: „Totgeschlagen, wer kein Loch im Rock hat!" Und wirklich schleppen in diesem Augenblick einige der fanatisierten Armen einen „jungen Menschen" herbei, den sie als „Aristokraten" an der Straßenlaterne aufhängen wollen – aus keinem anderen Grund, als weil er reich aussieht. Allerdings macht er sich in der Tat als Angehörigen jener neuen Aristokratie kenntlich: Ein Schnupftuch ist Inbegriff eleganter Klei-

Aufruf zur Weiterführung der Revolution

Lynchversuch an einem jungen Mann

dung; die übliche Anrede der Revolution ist „Bürger", nicht „meine Herren". Der junge Mann kann sich dann aber im letzten Moment retten, weil die Menge sein Bonmot angesichts des Todes zu schätzen weiß und ihn laufen lässt.

Auftritt Robespierres, mit Weibern und Sansculotten

Der mörderische Ausbruch ist verhindert, aber die Stimmung brodelt noch, als Robespierre auftritt, „begleitet von Weibern und Ohnehosen". „Ohnehosen" ist die wörtliche Übersetzung von *Sansculottes*: Die Kniehose, *la culotte*, mit Seidenstrümpfen war die charakteristische Tracht der Vornehmen; das arbeitende Volk ging ohne Kniehose und trug stattdessen lange Hosen, *les pantalons*. Die Sansculotten sind die radikale Strömung des arbeitenden Pariser Volks.

Anarchistische Unzufriedenheit der Bürger

Robespierre als der führende Staatsmann bekommt zunächst den Zorn dieser Kleinbürger über ihre elende materielle Lage zu spüren, vorgetragen vor allem wieder vom Ersten Bürger, der auch gegenüber der staatlichen Ordnung (Robespierres zweite Äußerung lautet: „Im Namen des Gesetzes!") die Forderung wiederholt, die Besitzenden totzuschlagen, und der im Namen des allein gesetzgebenden Volkes die Anarchie proklamiert. Schließlich jedoch vermag sich Robespierre gegenüber diesen anarchistischen Tendenzen durchzusetzen. Gehör verschafft ihm die Autorität und moralische Integrität seiner Persönlichkeit („Hört den Aristides, hört den Unbestechlichen!"), die den Beinamen so gut verdient wie der notorisch gerechte attische Politiker Aristides. Freilich kann man hier wie auch in späteren Szenen zweifeln, ob es sich bei den Zwischenrufen, die sich für Robespierre einsetzen, um spontane Stimmen aus dem Volke handelt oder ob Büchner Robespierre von einer Schar von Demagogen umgeben denkt, die durch geschicktes Taktieren das Volk in die jeweils gewünschte Richtung lenken. Das Weib jedenfalls, das mit Robespierre aufgetreten ist und ihn jetzt in religiös verzücktem Ton als „Messias" preist, „der gesandt ist zu wählen und zu richten", gehört zu den fanatischen Robespierre-Anhängern.

Robespierres Werben um das Volk

Sobald Robespierre einmal die Aufmerksamkeit der Anwesenden hat, weiß er geschickt um die Gunst des Volkes zu werben und dessen Interessen mit den Zielen der Jakobiner und des Wohlfahrtsausschusses zu verbinden, so dass ihm schließlich viele der Anwesenden in den Jakobinerklub folgen (wo man sie in der folgenden Szene I,3 wiederfindet). – Die kurze Ansprache Robespierres skizziert stichwortartig sein ganzes Programm: die Tugendideologie und den moralischen Anspruch seiner Politik; die Vorstellung von der Notwendigkeit einer Lenkung des Volkswillens durch Berufene; den Anspruch der Unfehlbarkeit dieser Berufenen; und die Rechtfertigung der *terreur*-Politik, der gewaltsamen Durchsetzung der politischen Ziele durch eine Schreckensherrschaft, die nicht als Willkür, sondern als strenges, aber gerechtes Gericht verstanden wird.

Robespierres Programm
- Tugendideologie
- Führertum
- Schreckensherrschaft

So sehr Robespierre bei seinem ersten Auftreten – im Gegensatz zu Danton und dessen Freunden – den Kontakt mit den einfachen Leuten sucht, als Anwalt ihrer berechtigten Forderungen gelten möchte und als solcher auch akzeptiert wird, so erscheint doch auch er von vornherein in schillerndem Licht. Dass er von dem religiös entzückten Weib als „Messias" bezeichnet wird, entspricht offenbar durchaus seinem Selbstverständnis; denn er formuliert sein Programm in einer prophetischen, biblisch überhöhten Diktion, die von ungebrochenem Sendungsbewusstsein zeugt. Der kritische Hörer jedoch hat bei diesem Stil eher den Eindruck des Unwahren, des unberechtigten Anspruchs. Und geradezu komisch wirkt die erhabene Anrede: „Armes, tugendhaftes Volk!", wenn man unter diesen Tugendhaften etwa den Trunkenbold Simon und sein kupplerisches Weib vor sich sieht.

Fragwürdigkeit des Anspruchs Robespierres

Mit einer Passage dieses Paares schließt die Szene. Der betrunkene Simon, inzwischen weinerlich geworden, ist mit seiner Frau versöhnt und mit der Profession seiner Tochter einverstanden und lässt sich im Abgehen von seiner Frau stützen: „[...] komm mein tugendreich Gemahl." Das groteske Pathos dieses Szenenschlusses ist sicher parodistisch gemeint; es karikiert und entlarvt das Tugendpathos der Robespierre-Rede und scheint zu besagen: Dies ist der Stil, in dem Berauschte mit gebrochenem Verhältnis zur Realität reden.

Der betrunkene Simon als Parodie auf Robespierres Tugendpathos

Die zweite Szene macht die von den Dantonisten in I,1 verkündete Staatsutopie nachträglich fragwürdig, indem sie deren Realitätsferne zeigt. Solange das Volk von Hunger und Not zu spontan-anarchistischem Aufbegeh-

Ergebnisse von I,2
- Problematisierung der dantonistischen Staatsutopie

– Problematisierung der Rolle des Volkes

ren getrieben wird, ist es geradezu zynisch, die Freiheit zu epikureischem Genuss zu verkünden. Das Volk verdient in seinem Elend zweifellos Mitleid und Sympathie. Doch andererseits wird diese Sympathie problematisch, wenn man das Volk zuerst in den grotesken Personen des Simon-Paares kennen lernt, dann den willkürlichen Lynchversuch an dem jungen Menschen erlebt und schließlich sieht, wie das Volk seinem Tribunen mit der gleichen unkritischen Blindheit folgt, mit der es eben zu handeln bereit war. Und Robespierre, der scheinbar den Kontakt zu den Massen findet und deren Interessen zu verfolgen vorgibt, erregt nicht nur dadurch Bedenken, dass sein Tugendpathos zu kritischer Parodie herausfordert, sondern mehr noch durch seinen Unfehlbarkeitsanspruch, auf den sich seine *terreur*-Politik gründet. Es scheint also, dass in den Eingangsszenen alle Hauptpersonen bzw. Gruppierungen des Stücks als gemischte Charaktere exponiert werden sollen.

– Problematisierung des Anspruchs Robespierres

I,3 – Der Jakobinerklub: Robespierres politisches Programm

Die dritte Szene knüpft zeitlich und inhaltlich an die vorhergehende an, nur der Schauplatz wechselt. Man ist jetzt im Jakobinerklub, wohin viele der Bürger Robespierre gefolgt sind. Und wie auf der Gasse, so muss sich Robespierre zunächst auch hier gegen Kritik der Radikalen (hier Kritik im Sinne der liquidierten Hébertisten) zur Wehr setzen, versteht dann aber aus der Verteidigung heraus einen glänzenden Sieg für seine Politik zu erringen.

Kritik der radikalen Jakobiner an Robespierre

Die Sitzung ist bei Szenenbeginn bereits eröffnet; ein Lyoner trägt die Klage bzw. Anklage seiner Parteifreunde vor. Lyon ist die Stadt der royalistisch-girondistischen Gegenrevolution, die den Jakobiner Chalier (vgl. I,1) hingerichtet hat und die erst im Herbst 1793 mühsam unterdrückt worden ist. Nach der Beseitigung der Hébertisten, zu denen in Lyon der General Ronsin gehörte, fasst die Reaktion dort neue Hoffnung. War also nicht die Hinrichtung der Hébertisten der Todesstoß für die Freiheit – ein Fehler, begangen aus zu großer Mäßigung und Schwäche, die die Radikalität Héberts nicht ertragen konnte?

Hébertistische Klage eines Lyoners

Robespierre wird der direkten Stellungnahme zu diesem Angriff durch das Dazwischentreten Legendres enthoben, der darauf hinweist, dass nicht nur im fernen Lyon,

Ungeschicktes Eingreifen Legendres

sondern auch in Paris die Reaktion sich frech erlaube, dem Lebensstil der alten Aristokratie nachzueifern.
Legendre gehört zum Kreis der Dantonisten, wie sich aus I,4 und II,7 ergibt; er steht aber doch so weit außerhalb, dass er nicht mit Danton verhaftet und hingerichtet wird. Sein radikales Auftreten in dieser Szene kommentiert Lacroix in I,5, er habe „sich das Gesicht wieder rot machen" wollen; Legendre durchschaut aber gar nicht, was er anrichtet (vgl. I,4). Später in II,7 gibt er durch eine taktisch wieder sehr ungeschickte Intervention zugunsten Dantons Robespierre die Gelegenheit, den Konvent gegen Danton zu gewinnen.
Legendres Denunziation des gegenrevolutionär-aristokratenhaften Treibens mancher Leute in Paris fordert den höhnischen Hinweis des Wohlfahrtausschuss-Mitglieds Collot heraus, zu diesen Leuten gehöre er ja selbst (mit seinen dantonistischen Freunden). Hier kann nachher Robespierre seinen Vorstoß gegen Danton ansetzen.
Doch zunächst nutzt er die Gelegenheit zu einer großen programmatischen Rede, in der er seine Analyse der Situation vorträgt und die Grundsätze seines politischen Handelns entfaltet.

Robespierres programmatische Rede

- Als Einleitung bemüht er sich wieder, wie bei der Ansprache auf der Gasse, die Übereinstimmung zwischen dem Willen des Volkes und seiner eigenen Politik herauszuarbeiten, hier mit noch deutlicherer Betonung seiner überlegenen Umsicht und Voraussicht.

- Volksverbundenheit

- Dann erläutert er seine Sicht der politischen Lage. Nach der Ausschaltung der Girondisten gebe es zwei Gruppen von „inneren Feinden der Republik": einerseits die Hébertisten als sozusagen Linksabweichler (Ultrarevolutionäre, Atheisten, Gegner des Privateigentums, Anarchisten), andererseits die Dantonisten als Rechtsabweichler (Gemäßigte, die die Revolution vorzeitig beenden möchten). In beiden Fällen fügt Robespierre an die im Prinzip ja korrekte Beschreibung die demagogische Klausel: Diese Politik habe *den Zweck*, dem „Despotismus" und „den Königen" zu nützen.
  Durch die Beseitigung der Linksabweichler dürften nicht etwa die Rechtsabweichler die Oberhand bekommen; deshalb hält Robespierre jetzt den

- Lagebeurteilung: Gefahren von links und rechts

Angriff auf diese für notwendig. Außerdem hat ihm z. B. die Begegnung mit dem Volk gezeigt, dass seine potenzielle Anhängerschaft ein solches Vorgehen von ihm erwartet.

- Verbindung von Schrecken und Tugend

– Auf die Analyse der Lage folgt die Verkündung von Robespierres politischem Programm: der Verbindung von Politik und Moral, von Schrecken und Tugend. Diese Proklamation der Herrschaft des Schreckens wird zunächst politisch motiviert: „Die Revolutionsregierung ist der Despotismus der Freiheit gegen die Tyrannei. [...] Die Unterdrücker der Menschheit bestrafen ist Gnade, ihnen verzeihen ist Barbarei."

Robespierres Dogmatismus

Doch schon hier zeigt sich in der Formulierung das Dogmatische an Robespierres Tugendprogramm. Man würde erwarten, dass der Politiker die Unterdrückung *beseitigen* will, doch Robespierre spricht von *„bestrafen"*. Im Weiteren wird der Übergang zum Moralisieren noch krasser: „Das Laster ist das Kainszeichen des Aristokratismus"; mit ihm sucht man „die heiligsten Quellen" der Kraft des Volkes „zu vergiften".

Angriff auf die aristokratenhaften Revolutionäre

– Robespierre kehrt dann allerdings vom Moralisieren zum konkreten politischen Angriff zurück, indem er jetzt Legendres Denunziation des aristokratischen Lebensstils gewisser Leute aufgreift: „Keinen Waffenstillstand mit den Menschen, welche nur auf Ausplünderung des Volkes bedacht waren." Es ist klar, dass damit die Dantonisten gemeint sind und nach der Volksszene I,2 muss man diesen Angriff für überaus gefährlich halten. Das Publikum im Jakobinerklub jedenfalls wird von Robespierre überzeugt; die Szene endet mit „allgemeinem Beifall", in dem Robespierre und die Republik identifiziert werden.

Bewertung von Robespierres Angriff

Unzweifelhaft trifft Robespierre mit seinem Angriff auf den aristokratischen Lebensstil und dem darin mitenthaltenen Vorwurf fehlenden Einfühlungsvermögens für das Elend des Volkes einen schwachen Punkt der Dantonisten. Aber über den bloßen Angriff auf Danton kommt Robespierre nicht hinaus; er zeigt in seinen Reden keinen Weg zur Beseitigung der Not. Tatsächlich scheint er also die Lage der Armen nur als Mittel zur Stärkung seiner eigenen Position zu benutzen.

I,4 – Eine Gasse

Eine kurze Überleitung verknüpft I,5 mit I,3: Lacroix (der als Danton-Freund neu eingeführt wird) macht Legendre Vorhaltungen, dass er durch seinen Angriff im Jakobinerklub, aus dem sie offenbar gerade kommen, sie selbst, die Dantonisten-Fraktion, gefährdet habe. Sie sind nun im Begriff, Danton aufzusuchen, um ihm von der Gefahr zu berichten; Lacroix vermutet ihn bei den Dirnen im Palais Royal.

Bedrohung der Dantonisten durch Robespierres Vorstoß

I,5 – Ein Zimmer [im Palais Royal]:
Marion- und Grisetten-Szene / Warnung Dantons

Tatsächlich zeigt die nächste Szene Danton dort. Die Grisette (d. h. Prostituierte) Marion sitzt zu Füßen Dantons und erzählt ihm in langem Bericht die Geschichte ihres Lebens.

Lebensbericht der Grisette Marion

Die bürgerlich enge und prüde Erziehung der Mutter hat nicht verhindern können, dass Marion, ‚über sich selbst brütend', in „eine eigne Atmosphäre" der Sinnlichkeit geriet, die sie fast „erstickte". Als die Mutter einen jungen Mann als möglichen Bräutigam ins Haus zog, kam es bald zu einem intimen Verhältnis mit ihm. Doch Marions Sinnlichkeit wurde dann „wie ein Meer, was alles verschlang"; und „alle Männer verschmolzen in einen Leib" für sie – wozu sie jetzt beim Erzählen kommentiert: „Meine Natur war einmal so, wer kann da drüber hinaus?" Als der junge Mann schließlich ihre Untreue bemerkte, spielte er mit dem Gedanken, sie zu töten, ertränkte dann jedoch sich selbst. Beim Anblick seiner Leiche musste Marion weinen; „das war der einzige Bruch in meinem Wesen". Im Übrigen kennt sie „keinen Absatz, keine Veränderung" des Gefühls: „Ich bin immer nur Eins. Ein ununterbrochnes Sehnen und Fassen, eine Glut, ein Strom." Dass ihre Mutter vor Gram gestorben ist und dass die Leute mit Fingern auf sie weisen, empfindet sie mehr als lästig, als dass es sie innerlich beträfe: „Das ist dumm." Und unmittelbar daran knüpft sie ihre Lebensmaxime an: „Es läuft auf Eins hinaus, an was man seine Freude hat […], wer am meisten genießt, betet am meisten."

Die Lebensmaxime Marions

Diese Marion-Erzählung hat keine Funktion für den Fortgang der Handlung; sie muss also ihren Sinn in sich selbst haben; nur ist sie in ihrer Bedeutung schwer einzuschätzen:

Bewertung der Marion-Erzählung

- Einerseits ist Marion besonders herausgehoben, insofern es ihr als Einziger gestattet ist, sich selbst und ihre Existenzform so ausführlich und mit solcher Intensität darzustellen. Vergleichbar wäre ihr darin allenfalls Camille; und tatsächlich könnte man Marion als eine Verkörperung der Genussphilosophie Camilles auffassen: „Wer am meisten genießt, betet am meisten." Zu dieser epikureischen Deutung passen in Marions Bericht positive, lebensbejahende Vokabeln wie: „ein ununterbrochnes Sehnen und Fassen, eine Glut, ein Strom".

Epikureische Lebensbejahung

- Doch andererseits hat Marions Bericht durchgehend einen tristen, ja trostlosen Ton. Der Satz, der das Bekenntnis zum Genuss formuliert, beginnt mit dem eher nach Gleichgültigkeit klingenden „Es läuft auf Eins hinaus, an was man seine Freude hat"; und es erscheint doch fraglich, ob es menschlich ist, nur einmal in seinem Leben geweint zu haben und „keinen Absatz, keine Veränderung" zu kennen.

Triste Gleichgültigkeit?

Genauso wenig eindeutig ist die szenische Situation. Aufgewertet wird die Erzählung Marions durch die Aufmerksamkeit, mit der Danton zuhört; und vertieft wird die psychische Intensität der Szene auch durch den kurzen Dialog zwischen Danton und Marion im Anschluss an die Erzählung – eine Passage, in der Danton in Marion geradezu die für den Menschen unerreichbare Idee der Schönheit zu sehen scheint (wobei es für ihn charakteristisch ist, dass die Schönheit eben unerreichbar bleibt – wie in I,1 die Gedanken des anderen).

Die ‚lyrische Klausel' der Marion-Szene

Doch unmittelbar nach diesen zarten, ‚lyrischen' Äußerungen Dantons tritt Lacroix auf, mit den Grisetten Adelaide und Rosalie. Er findet den Anblick Dantons mit Marion einfach komisch; ihm fällt dabei „die Gasse" ein: „eine Dogge und ein Bologneser Schoßhündlein, die quälten sich". Ein gewaltiger Absturz von dem „Teil des Äthers", den Danton beschwor, zur Gasse mit den sich paarenden Hunden und Mücken; von Schönheitsverlangen zu nur-animalischer Sexualität.

Abrupter Szenenwechsel

Auftreten des Lacroix mit Grisetten

Die Zynismen des Lacroix

Lacroix bringt zuerst ganz stark den Ton in das Stück, den schon der erste Herausgeber, Karl Gutzkow, in einem Brief an Büchner (vom 3. 3. 1835) als „die Quecksilberblumen Ihrer Phantasie" tadelte. (Quecksilberchlorid,

Das Syphilis-Quecksilber-Thema in *Dantons Tod*

von Büchner auch „Sublimat" genannt, diente zur Behandlung der Syphilis; die „Rosenkränze in den Leistendrüsen" meinen deren Symptome.) Lacroix stimmt diesen Ton an, aber Danton greift ihn sofort auf; beide zusammen fallen mit zynischen Sticheleien über die Mädchen her, bis diese beleidigt gehen. Rückwirkend wird so die Position Marions noch weiter relativiert: Denn wenn Marion auch des langen Lebensberichts gewürdigt wird, so ist sie prinzipiell doch nichts anderes als Adelaide und Rosalie, wird auch im Personenverzeichnis mit diesen beiden als „Grisetten" zusammengefasst.
Auch dieser Szenenteil hat keine Bedeutung für die Handlungsentwicklung, sondern ist um seiner selbst willen da, d.h., es geht Büchner gerade um die „Quecksilberblüten" dieses verbalen Geplänkels. Die starke Akzentuierung der Sexualität in *Dantons Tod*, und zwar fast durchgehend einer durch die Lustseuche bedrohten Sexualität, hat man wohl als Chiffre für den Zustand der Welt und speziell für den Zustand der Gesellschaft der Revolution zu verstehen:

> „Heillos ist diese Welt, weil im Sexus Lebenslust und Lues, Zeugungskraft und Leibesfäule sich verschränken. Die Fäulnis ist allem Leben eingesenkt, und für diese Tatsache wird immer wieder das Bild der Seuche, des venerischen Übels bemüht. In einem weitergreifenden Sinne stellt das Sexus-Motiv am Ende eine elementare Analogie zum Thema der Gesamtrevolution her, und darin dürfte der Grund seiner überdeutlichen Anwesenheit im Drama liegen. Es ist eingesetzt als Abbreviatur der Krisenphase, eben der Jakobinerherrschaft mit dem Keim der Selbstauslöschung."
> (Behrmann/Wohlleben, 1980, S. 190)

Nachdem Adelaide und Rosalie gegangen sind, kommt Lacroix auf sein eigentliches Anliegen. Er berichtet Danton von den Vorgängen im Jakobinerklub (d.h. von I,3); Paris bringt ergänzende Nachricht von einem Gespräch mit Robespierre. Paris, der sich auch Fabricius nennt, ist beim Revolutionstribunal tätig und hat dadurch engen Kontakt zu Robespierre; er ist aber – laut Personenverzeichnis – „ein Freund Dantons", den er auch zu dem Streitgespräch mit Robespierre begleitet (I,6) und den er mehrfach zu warnen versucht.

Bericht des Lacroix und des Paris über Robespierres Angriffsvorbereitungen

Die Nachrichten von Lacroix und Paris bedeuten, dass Robespierre sich zum Angriff rüstet und Lacroix' Analyse der Situation ergibt, dass ihm angesichts des materiellen Elends des Volkes auch gar nichts anderes übrig bleibt. Robespierre ist aus Gründen der Selbsterhaltung zum Handeln gezwungen, und das Volk wird ihm folgen; das Volk „kennt keine Reliquien", es wird gern radikaler sein als „der Mann des September" (d.h. Danton). Danton bestätigt die Analyse: „Die Revolution ist wie Saturn, sie frisst ihre eignen Kinder." Trotzdem kann er sich nicht zum Handeln entschließen: „Sie werden's nicht wagen", redet er sich ein; „sie hatten nie Mut ohne mich, sie werden keinen gegen mich haben." Doch diese Begründungen für seine Untätigkeit erscheinen als vorgeschobene Selbstbeschwichtigung; tatsächlich wird man eher an das in der Eingangsszene exponierte Bewusstsein der Sinnlosigkeit zielgerichteten politischen Handelns zu denken haben. Immerhin rafft sich Danton schließlich so weit zur Aktivität auf, dass er sich für den folgenden Tag ein Gespräch mit Robespierre vornimmt. Bemerkenswert – und belastend für die Dantonisten – ist die zynische Selbstanalyse, die Lacroix in diesem Gespräch von sich und seinen Freunden gibt: „Und außerdem, Danton, sind wir lasterhaft, wie Robespierre sagt, d.h. wir genießen, und das Volk ist tugendhaft, d.h. es genießt nicht, weil ihm die Arbeit die Genussorgane stumpf macht, [...] weil es kein Geld hat [...]." Angesichts dieser Selbstdarstellung möchte man ihm zustimmen, wenn er fortführt: „Man nennt uns Spitzbuben, und [...] es ist, unter uns gesagt, so halbwegs was Wahres dran."

Dantons Passivität trotz der drohenden Gefahr

Ankündigung einer Begegnung Danton / Robespierre

Zynische Selbstanalyse des Lacroix

I,6 – Ein Zimmer [bei Robespierre]: Die Robespierre-Szenen

Die letzte Szene von Akt I zeigt in ihrem ersten Teil das angekündigte Gespräch zwischen Danton und Robespierre; sie spielt also etwa 24 Stunden nach I,5, denn es ist wieder, wie dort, später Abend. Bei Szenenbeginn befinden sich die beiden Kontrahenten bereits mitten im Streitgespräch – einem Streit, der die von den Dantonisten in I,1, von Robespierre in I,2–3 entwickelten Positionen miteinander konfrontiert:

Streitgespräch zwischen Danton und Robespierre

Dantons Forderung nach Mäßigung

- Danton vertritt die Forderung nach Mäßigung und Reorganisation, d.h. nach Beendigung der *terreur*-Phase (der Notstands-Phase) der Revolution: „Wo die Notwehr aufhört, fängt der Mord an." – Dagegen stellt Robespierre seine These, dass die Revolution fortgesetzt werden müsse, dass auf die Änderung der Herrschaftsverhältnisse die „soziale Revolution" folgen müsse, und er erklärt jeden, der Gnade und Mäßigung fordere, zu seinem Feind.

- Robespierre wiederholt seine Forderung nach einer sozialen Revolution dann noch einmal in anderer Formulierung, indem er erklärt, die „gesunde Volkskraft" müsse sich an die Stelle der abgewirtschafteten „guten Gesellschaft" setzen: „Das Laster muss bestraft werden, die Tugend muss durch den Schrecken herrschen." In dieser Formulierung ist aus der konkreten politischen Forderung, die auf die elende materielle Lage des Volkes zielt, ein Dogma der Tugendideologie Robespierres geworden.

Robespierres Forderung nach sozialer Revolution

Robespierres Tugendideologie

- Danton greift diese Verlagerung des Streits vom Politischen oder gar Sozialpolitischen (wo er ihm unangenehm werden könnte) ins Moralisch-Philosophische sofort auf, indem er sich an der für Robespierre charakteristischen Wahl des Wortes „Strafe" stößt. Er hält Robespierre entgegen, dass der ohne jede Berechtigung aus den privaten Grundsätzen seiner persönlichen Lebensführung Grundsätze des politischen Handelns mache; dass er zur revolutionären Doktrin erkläre, was in Wirklichkeit nur neidische Spießermoral sei (denn Danton hält Robespierres Tugendidee außerdem noch für verlogen). Gegen diese Tugendideologie setzt Danton seine epikureische Überzeugung: „Jeder handelt seiner Natur gemäß, d. h. er tut, was ihm wohl tut." Gemäß dieser Definition ist also auch Robespierre ein Epikureer, da der Kampf gegen epikureisches Genießen und das beständige Zur-Schau-Tragen einer „Moralphysiognomie" nichts weiter als sein ganz persönliches Vergnügen ist, ein Handeln gemäß seiner Natur und keineswegs ein Handeln gemäß einer Idee: eine These, die Danton sarkastisch als grausame Desillusionierung Robespierres bezeichnet.

Dantons Gegenstoß

Entlarvung der Tugendideologie als neidische Spießermoral

Proklamation des Epikureismus

- Das Gespräch endet dann sehr abrupt mit dem völligen Bruch: Robespierre, ohne auf Dantons Argumentation einzugehen, erklärt das Laster zum Hochverrat (und damit Danton zum Hochverräter). Danton seinerseits bezweifelt, dass von den ‚Strafmaßnahmen' nur ‚Schuldige' getroffen worden seien; d. h. er be-

Endgültiger Bruch zwischen Robespierre und Danton

hauptet, dass Robespierres Schreckensherrschaft keine Herrschaft der Tugend ist, sondern eine Willkürherrschaft Robespierres. Danton erkennt nach diesem Streitgespräch die Größe der Gefahr und die Notwendigkeit, Gegenmaßnahmen zu ergreifen. „Wir müssen uns zeigen", sagt er zu seinem stummen Begleiter Paris, d. h. wir müssen das Volk für uns zurückgewinnen.

Erster Monolog Robespierres

Robespierre, allein zurückgeblieben, legt sich in einem großen Monolog Rechenschaft ab über die Motive und Hintergedanken seines Handelns. In diesem zweiten Teil der Szene I,6 sieht man Robespierre einmal nicht als politischen Agitator, sondern als Menschen, als Ringenden und Zweifelnden. Der Monolog zeigt seine Verwundung durch Dantons Angriff und das Fragwürdigwerden der sonst zur Schau getragenen Selbstsicherheit.

Verunsicherung durch Danton

Die Verunsicherung Robespierres vollzieht sich in mehreren Stufen. Er beginnt noch mit verärgerter Selbstsicherheit; dann gerät er über die Frage, welchen Eindruck sein Vorgehen gegen Danton nach außen erwecken wird (wird man es nicht für pure Eifersucht halten?), in den Selbstzweifel, ob derartige Vorwürfe nicht im Grunde durchaus berechtigt wären.

Selbstzweifel

Nach einem letzten Aufschwung, in dem er sich noch einmal seiner politisch-moralischen Prinzipien zu vergewissern sucht, endet er in nicht mehr abzuweisender Verunsicherung: „Wie das immer wieder kommt", „mit blutigem Finger"; und, in Wiederaufnahme und Neubeantwortung von Dantons Frage, ob er nicht erkenne, dass er sich selbst belüge: „Ich weiß nicht, was in mir das Andere belügt."

Visionäre Ahnungen von der Herrschaft dämonischer Triebe

Dann folgen die am Fenster gesprochenen Worte mit ihren expressiven Bildern und Vorstellungen („Die Nacht schnarcht über der Erde und wälzt sich im wüsten Traum"), in denen Robespierre von dem nächtlichen Vordringen des Unterbewussten spricht („Wünsche kaum geahnt, wirr und gestaltlos") und zu ahnen beginnt, dass auch das praktische Handeln am Tage keineswegs von klaren Prinzipien gelenkt wird, sondern nur „ein hellerer Traum" ist, bestimmt von unvernünftigen, dämonischen Trieben.

Beratung Saint-Justs mit Robespierre

Als in diesem Augenblick Saint-Just eintritt, ruft Robespierre, erschrocken zusammenfahrend, nach Licht. Das hat über den konkreten Bezug hinaus (es ist inzwischen dunkel geworden) auch einen symbolischen Unterton: Saint-Just versucht Robespierre das Licht der klaren Prinzipien, nach denen zu handeln wäre, zurückzubringen.

Saint-Justs Forderung sofortigen Handelns

Saint-Just ist gekommen, um ein sofortiges Vorgehen gegen die Dantonisten, ehe man den Vorteil des Angriffs verliere, zu fordern; er und seine Freunde (vom Wohlfahrtsausschuss) sind entschlossen, notfalls auch ohne Robespierre zu handeln. Ohne dass dieser zunächst Stellung nimmt, besprechen sie die Modalitäten, wer alles mit Danton fallen müsse. Als Robespierre an der Notwendigkeit der Beseitigung Camilles zweifelt, zu dem er seit Schultagen eine persönliche Zuneigung hegt (vgl. II,3), überzeugt ihn Saint-Just durch einen Artikel in Camilles Zeitung *Der alte Franziskaner*, in dem dieser Robespierre als den „Blutmessias" bezeichnet hat, der „opfert und nicht geopfert wird" und dessen „sauberer Frack [...] das Leichenhemd Frankreichs ist"; d. h. er hat Robespierre als einen falschen Messias angegriffen, dessen blutige Terror-Politik die Revolution und Frankreich ins Verderben stürzen wird.

Verhandlung über Camille

Widerwillige Zustimmung Robespierres

Nun stimmt Robespierre der Vernichtung der Dantonisten zu; allerdings nicht wie ein von seiner Sache Überzeugter, sondern wie ein Gehetzter, in die Enge Getriebener: „Weg mit ihnen! Rasch! nur die Toten kommen nicht wieder."

Zweiter Monolog Robespierres

Nachdenken über die Rolle des „Blutmessias"

Von dieser Stimmung des widerwillig und zweifelnd zum Handeln Getrieben-Seins und von Camilles Stichwort „Blutmessias" kommt Robespierre auch nach Saint-Justs Fortgehen nicht mehr los. Er akzeptiert Camilles Vergleich, akzeptiert die Rolle des „Blutmessias" als die ihm vom Schicksal zudiktierte Aufgabe. Wenn er dabei Formulierungen wählt wie „ich nehme die Sünde auf mich" und „ich habe die Qual des Henkers", so empfindet er hier offenbar nicht mehr das messianische Sendungsbewusstsein wie in I,2–3, obwohl der Anspruch, die Leute mit ihrem Blut erlösen zu können, eine für seine Umwelt tödliche Selbstüberschätzung bleibt. Doch froh wird er seiner Rolle nicht mehr; am Schluss der Szene beherrscht ihn das Gethsemane-Bewusstsein der Vereinsamung und des Verlassenseins: „Wir ringen alle im Gethsemanegarten im blutigen Schweiß, aber es erlöst keiner den andern mit seinen Wunden", und: „Sie gehen alle von mir – es ist alles wüst und leer – ich bin allein."

Bewusstsein der Isolation

Akt II: Dantons Verhaftung

KURZINFO

Akt II

- **II,1** Drängen der Anhänger zum Widerstand; Gründe für Dantons Untätigkeit.
- **II,2** Panorama der Revolutionsgesellschaft.
  - Danton mit Camille: existenzielle Sinnlosigkeit.
- **II,3** Camilles Forderung einer anti-idealistischen Kunst.
  - Nachricht, dass Dantons Verhaftung beschlossen ist.
  - Camille und Lucile: unbedingte seelische Bindung.
- **II,4** Dantons Entschluss zur Umkehr.
- **II,5** Dantons Vision, von der Erdkugel geschleift zu werden.
  - Danton und Julie: Rechtfertigung der Septembermorde.
  - Danton fühlt sich verurteilt durch den „Fluch des Muss".
  - Dantons Marionetten-Bewusstsein.
- **II,6** Dantons Verhaftung.
- **II,7** Antrag zur Rettung der verhafteten Dantonisten.
  - Robespierre: Zurückweisung des Antrags und aller politischen und persönlichen Anschuldigungen.
  - Rede Saint-Justs: Die Revolution als Naturgesetz.

II,1 – Ein Zimmer [bei Danton]

Drängen der Freunde gegen Dantons Untätigkeit

Der zweite Akt beginnt wie der erste im Kreis der Dantonisten: Die Freunde – Camille und dann vor allem Lacroix – versuchen Danton anzutreiben, zu handeln und das Volk in öffentlichem Auftreten gegen die „Dezemvirn" (des Wohlfahrtsausschusses) zu mobilisieren.

Dantons Bewusstsein der Sinnlosigkeit

Danton, beim Ankleiden, beginnt mit dem ihn bedrängenden Bewusstsein der Sinnlosigkeit, und zwar jetzt nicht nur der Sinnlosigkeit politischen Handelns, sondern der Sinnlosigkeit menschlichen Tuns überhaupt (es sei „sehr langweilig", beispielsweise „immer das Hemd zuerst und dann die Hosen drüber zu ziehen"). Aus dieser Stimmung heraus formuliert er seine Abwehr gegen das Drängen der Freunde.

Aussichtslosigkeit der Lage

Zwar hat er etwas unternommen: er hat die „Sektionen" (die Komitees der 48 Pariser Stadtbezirke) zu gewinnen versucht, jedoch erfolglos. Und mehr zu unternehmen ist er nicht willens; es gäbe auch keine denkbaren Bundesgenossen. Die Jakobiner folgen Robespierre im Namen der Tugend gegen die Lasterhaftigkeit der Dantonisten; die Hébertisten können nicht verzeihen, dass die Danton-Fraktion gemeinsam mit den Robespierre-Leuten die Ausschaltung Héberts betrieben hat; und der Gemeinderat, der sich stark mit Hébert identifiziert hat, muss nach dessen Liquidierung „Buße tun“, d.h. sich politisch ganz zurückhalten. Einzig ein Vorstoß im Konvent könnte Aussicht auf Erfolg haben, aber das gäbe ein Blutvergießen (wie bei der gescheiterten Erhebung der Girondisten gegen die Radikalen am „31. Mai“). Danton will kein Blutvergießen mehr: „[…] ich will lieber guillotiniert werden als guillotinieren lassen. […] wozu sollen wir Menschen miteinander kämpfen?“

Entscheidung gegen weiteres Blutvergießen

Camille greift diese Überzeugung von der Unmöglichkeit sinnvollen Handelns auf, indem er Dantons Anklage gegen die Einrichtung der Welt in pathetische Metaphern umsetzt. Philippeau allerdings, der von den übrigen Dantonisten immer durch seinen ernsthafteren und verantwortungsbewussteren Ton unterschieden ist, wendet ein, dass man Frankreich doch nicht einfach „seinen Henkern“ überlassen dürfe. Doch Danton beharrt auf seinem Handlungsverzicht: „Was liegt daran?“, angesichts der Sinnlosigkeit und Scheinhaftigkeit menschlichen Lebens; „wir stehen immer auf dem Theater“ (die Theater-Metapher weist auf das später in II,5 von Danton verwendete Bild von der Marionette voraus); „es ist recht gut, dass die Lebenszeit ein wenig reduziert wird“.

Scheinhaftigkeit des Lebens (Theater-Metapher)

Danton weigert sich auch zu fliehen – in Konsequenz seiner resignierten Grundhaltung (aus „Faulheit“, wie nachher Lacroix sarkastisch formuliert); aber auch, weil er letztlich nicht an eine ernsthafte Bedrohung glaubt: „Sie werden’s nicht wagen.“ Dagegen sieht Lacroix den Untergang der Dantonisten deutlich voraus; es bleibe ihnen nichts mehr übrig, als „auf einen anständigen Fall [zu] studieren“.

Selbstbeschwichtigung Dantons

II,2 – Eine Promenade

Auf die Dantonisten-Szene folgt, wie in Akt I, eine Volksszene; doch geht es hier nicht um die Lage speziell des einfachen Volkes, sondern es wird ein Querschnitt durch die ganze Gesellschaft gezeigt, wozu auch Vertreter der bürgerlichen besseren Gesellschaft gehören. Auf einer Promenade spazieren verschiedene Gruppen vorbei, deren ausschnittweise dargestellte Gespräche sich zu einem Zeitbild der Revolutionsepoche zusammenfügen.

Panorama der Revolutionsgesellschaft

Revolutionäre Namensgebung

- Den Anfang macht auch hier Simon, der diesmal einen Bürger bei der revolutionsgerechten Namenswahl für seinen neugeborenen Sohn berät, was von Büchner wieder durch die grotesk-pathetische Stilisierung ironisiert wird. Die von Simon verwendete Formel, das Einzelne müsse sich dem Allgemeinen unterordnen, wird von der Frau des Bürgers offenbar benutzt, um ihre Seitensprünge zu legitimieren.

Streit über den Wert der Arbeit

- Zwei „Herren" streiten mit einem Bettler über den Wert der Arbeit: Dieser Vertreter der verelendeten Massen will gar keine Verbesserung seiner Lage, sondern fühlt sich in seiner Bettelhaftigkeit ganz wohl.
- Rosalie und Adelaide, deren Geschäfte schlecht gehen, machen sich auf Kundenfang an Soldaten heran.

Danton und Camille in dieser Szenerie

- Dann kommt Danton vorbei, mit Camille; ihm scheint die „Atmosphäre" voller „Unzucht" zu brüten – voller Sexualität, die er als etwas Animalisches sieht („wie die Hunde auf der Gasse"; vgl. Lacroix in der Marion-Szene I,5).

Konversation der guten Gesellschaft

- Eine Dame der guten Gesellschaft mit ihrer (scheinbar) wohl behüteten Tochter und deren Kavalier treiben Konversation im Stil des Ancien Régime, wobei die Bemerkungen des „jungen Herrn" recht zweideutig sind. (Der Friseur habe sie „à l'enfant frisiert", soll heißen: ‚habe ihr ein Kind gemacht'.)
- Haben die bisherigen Teilszenen immer wieder auf die Brüchigkeit, Unwahrhaftigkeit und Fragwürdigkeit dieser Gesellschaft hingewiesen (die Phrasenheftigkeit der Revolutionsterminologie, die Fragwürdigkeit der sexuellen Emanzipation, die Verlogenheit der guten Gesellschaft), so fassen die letzten beiden Passagen diese Analyse abschließend zusammen – Danton in theoretischer Formulierung, die beiden „Herren" in zwei chiffreähnlichen Bildern:

Danton zu Camille über die allgemeine Sinnlosigkeit

- Danton, erneut mit Camille vorbeipromenierend, fragt sich, warum angesichts dieser allgemeinen Sinnlosigkeit und Verlogenheit „die Leute nicht auf der Gasse stehen bleiben und einander ins Gesicht lachen".

Chiffren vom bizarren Theaterstück und von der Brüchigkeit der Erdkruste

- Zwei Herren plaudern von dem neuesten Theaterstück, das in der Darstellung bizarrer Konstruktionen nach Art eines babylonischen Turms die Möglichkeit einer technischen Weltbewältigung verkündet (die

Vokabeln sind aber von Büchner so gewählt, dass der Zuschauer diesen Glauben unmöglich teilen kann). Dann stockt der eine Herr vor einer Pfütze, weil er fürchtet, die Erdkruste sei so dünn, dass man an so einer Stelle durchbrechen könne: eine sehr eindrückliche Chiffre für das Gefühl, keinen festen Boden mehr unter den Füßen zu haben.

II,3 – Ein Zimmer [bei Camille]

Die dritte Szene setzt ohne direkten Zusammenhang mit der Handlung neu ein (jedoch mit einer gewissen thematischen Bezugnahme auf das Gespräch der beiden Herren über das bizarre Theaterstück). Camille verkündet, in Anwesenheit von Danton und Lucile, seine realistische, anti-idealistische Kunsttheorie. Er verwirft jede Stilisierung in Form, Thematik oder Aussage als unnatürlich und marionettenhaft. Die Leute, die das Leben auf der Gasse gegenüber einer idealisierenden Gestaltung als „erbärmliche Wirklichkeit" abqualifizieren, „vergessen ihren Herrgott über seinen schlechten Kopisten. Von der Schöpfung, die glühend, brausend und leuchtend, um und in ihnen, sich jeden Augenblick neu gebiert, hören und sehen sie nichts".

Camilles anti-idealistische Kunsttheorie

Danton erhält die Warnung, dass der Wohlfahrtsausschuss seine Verhaftung beschlossen habe. Er geht – unentschlossen, wohin; unentschlossen nicht aus „Trägheit" (die ihm schon Lacroix vorgehalten hat), sondern, wie er selbst formuliert, weil er „müde" sei.

Danton erhält Nachricht, dass seine Verhaftung beschlossen ist

Zurück bleiben Camille und Lucile. In ihrer Szene taucht ein Motiv auf, das dann im vierten Akt wiederkehrt: die unbedingte seelische Bindung zweier Menschen – hier gefasst in dem Bild, dass Lucile Camille zwar sprechen sieht, doch ohne dass der rational fassbare Inhalt seiner Worte für sie relevant wäre. Camille versucht Lucile zu beruhigen, dass er nicht unbedingt mit Danton fallen müsse; denn es bestehe über die politischen Differenzen hinweg eine menschlich-freundschaftliche Beziehung zwischen ihm und Robespierre. Doch Lucile fühlt, dass diese Beziehung nicht tragfähig sein wird, dass ihr Camille verloren ist. Nach seinem Fortgehen kommt ihr zuerst, aus dem Unterbewusstsein heraus, ein Abschiedslied auf die Lippen; dann flieht sie aus dem Zimmer, weil es ihr scheint, „als hätte ein Toter drin gelegen".

Luciles Liebe und ihre Angst um Camille

Monolog Dantons auf der Flucht; Entschluss zur Umkehr

II,4 – Freies Feld: Danton auf der Flucht

Die nächste Szene zeigt Danton nun doch auf der Flucht; aber er entschließt sich gerade zur Umkehr. Denn der Tod – so räsoniert er – wäre ja sein Vorteil, insofern er das Gedächtnis vernichte. (Was Dantons Gedächtnis so belastet, dass er es unbedingt getilgt wissen möchte, erfährt man in der folgenden Szene II,5.) Danton sieht selbst, dass er mit dem Tod „kokettiert", was „so aus der Entfernung" ganz harmlos erscheine; er glaubt immer noch: „Sie werden's nicht wagen."

II,5 – Ein Zimmer [bei Danton]

Die Szene II,5 zeigt Danton in seiner letzten Nacht in der Freiheit, nach der Rückkehr von dem Fluchtversuch (II,4) und vor der Verhaftung, die man sich gegen Morgen zu denken hat (II,6).

Parallelität der Danton-Szene II,5 mit der Robespierre-Szene I,6

Man erhält hier den tiefsten Einblick in Dantons Denken und Fühlen – vergleichbar dem Blick auf Robespierres Seelenlage, den die Robespierre-Monologe in I,6 boten. Büchner hat die beiden Szenen in deutlicher Parallelität gestaltet: hier wie dort eine nächtliche Szenerie; der Reflektierende blickt aus dem Fenster, aber nicht ins Freie, in die Klarheit, sondern in ein undurchdringliches Dunkel; er unternimmt den Versuch der Selbstrechtfertigung, der aber die Selbstanklagen nicht ganz unterdrücken kann; er äußert seine Gefühle in expressiven Bildern und Vorstellungen; und er endet, indem er seine eigene Rolle in der Geschichte an dem Handeln Christi misst.

Gewissensbeunruhigung Dantons wegen der Septembermorde

Danton ist belastet durch die Septembermorde, die sein Unterbewusstsein als „garstige Sünden" verurteilt. Als sein gequältes Stöhnen Julie herbeiruft, beschreibt Danton ihr seine Vision. Er sei auf der Erdkugel geritten wie auf einem wilden Ross, „mit riesigen Gliedern" sie beherrschend; dann aber (die Darstellung kippt plötzlich um, ohne logischen Übergang) sei er Kopf abwärts geschleift worden, „die Haare flatternd über dem Abgrund". Das ist eine Deutung der Situation des Revolutionärs (etwa des Hauptakteurs jener Septemberereignisse), der glaubt, etwas in Bewegung setzen und beherrschen zu können, dann aber von den Ereignissen hilflos überrollt wird.

Vision des Geschleift-Werdens

Rechtfertigung der Septembermorde

Gemeinsam versuchen Danton und Julie nun, Danton die Fakten ins Bewusstsein zurückzurufen, die die Septembermorde zu einer Notwendigkeit machten (die Bedrohung von außen, die den „Krieg nach innen“ forderte), bis Danton zu der Sicherheit zurückfindet: „Das war Notwehr, wir mussten.“ Doch diese Sicherheit hilft ihm nichts, denn dahinter erhebt sich ja die Frage, wodurch denn dies ‚Müssen‘ veranlasst war und ist. Und hier nimmt nun auch Danton Bezug auf den „Mann am Kreuze“, wobei er sich jedoch charakteristischerweise nicht, wie Robespierre, mit dem Erlöser vergleicht, sondern vielmehr mit dem Bösen in der Passionsgeschichte, mit Judas, von dem Christus gesagt hat: „Es muss ja Ärgernis kommen“ (damit das Heils- und Erlösungsgeschehen seinen Weg nehmen kann bzw. die von der Revolution gestiftete Freiheit fortbestehen kann); „doch wehe dem, durch welchen Ärgernis kommt“ (also dem Verräter Judas bzw. dem September-Mörder). Damit habe Christus „sich's bequem gemacht“; denn wer oder was dieses „Muss“ und eben auch den „Fluch des Muss“ verursacht (und also auch die Verantwortung dafür übernehmen sollte), ist damit ja nicht geklärt.

Dantons Verurteilt-Sein zum Schuldig-Werden

Danton endet mit dem resignierenden Ergebnis, dass der Mensch nur eine Marionette in den Händen unergründlicher Mächte sei: „Puppen sind wir, von unbekannten Gewalten am Draht gezogen; nichts, nichts wir selbst!“ Wenn er dann am Schluss der Szene erklärt, jetzt sei er ruhig, so klingt das nach dem verzweifelten Ringen und angesichts des zweifelhaften Ergebnisses dieses Ringens nicht recht überzeugend; es scheint eher Resignation als Sicherheit gemeint zu sein.

Das Bild von der Marionette

II,6 – Straße vor Dantons Haus: Dantons Verhaftung

Abrupter Szenenwechsel

Komischer Auftritt des Verhaftungskommandos

Im Anschluss an die Fragen nach den letzten Ursachen menschlichen Handelns gestaltet Büchner das Eindringen des Verhaftungstrupps in Dantons Haus mit einem brutalen Stimmungsumschlag, nämlich als komische Szene. Der Trupp wird von Simon geführt, der sich wieder in seinem grotesk überzogenen Pathos ergeht, und die Bürgersoldaten, die ihn begleiten, necken ihn und sich gegenseitig mit zotigen Anspielungen.

Die sarkastische Dissonanz dieser Darstellung scheint den Zuschauer darauf aufmerksam zu machen, dass er Danton in diesem Moment kritischer Selbstbefragung weniger denn je die Verhaftung wünscht und dass die

Kompetenz der Leute, die über ihn urteilen wollen, höchst zweifelhaft ist.

II,7 – Der Nationalkonvent

Den Abschluss des zweiten Aktes bildet eine Sitzung des Nationalkonvents am Tag nach der Verhaftung der Dantonisten. Mit Danton sind auch Camille, Lacroix und Philippeau festgenommen worden. Hérault war schon vorher verhaftet.

Antrag Legendres zur Rettung der Dantonisten

Legendre, der schon in I,3 für die Dantonisten eingetreten war, versucht den Antrag durchzubringen, die Verhafteten als Mitglieder des Nationalkonvents vor dessen Schranken zu hören. Zur weiteren Begründung verweist er auf die Verdienste Dantons und deutet die Möglichkeit von „Privatleidenschaften" beim Wohlfahrtsausschuss an. Der Vorschlag Legendres, der die bestehenden Rechtsverhältnisse ändern würde, erregt bei den Deputierten eine heftige Debatte. Wird da eine berechtigte parlamentarische Immunität gefordert (wie wir sagen würden), oder geht es um republikfeindliche Privilegien?

Rede Robespierres

Nachdem er den Streit unter den Abgeordneten eine Weile hat toben lassen, greift Robespierre ein und weist den Antrag Legendres in großer Rede zurück:

Zurückweisung des Antrags

- Er vergleicht Danton mit anderen Revolutionären, denen man früher schon das jetzt wieder geforderte Vorrecht verweigert hat, und lehnt eine Sonderstellung Dantons entschieden ab. Zudem zieht er – im Gegenstoß gegen Legendres Verdacht der „Privatleidenschaften" – die Würde und moralische Integrität der Dantonisten in Zweifel.
- Den Vorwurf, der Wohlfahrtsausschuss missbrauche seine Macht, versucht Robespierre mit wohlklingenden, aber schwach fundierten Phrasen zurückzuweisen, die freilich bei den Abgeordneten „allgemeinen Beifall" finden. Etwa: Das den Ausschussmitgliedern übertragene Vertrauen sei „eine sichre Garantie ihres Patriotismus" (als ob man Vertrauen nicht missbrauchen könnte); oder: „Nie zittert die Unschuld vor der öffentlichen Wachsamkeit" (das ist dieselbe Selbstsicherheit, die Robespierre I,6 im Streit mit Danton erklären ließ, es sei kein Unschuldiger getroffen worden).
- Persönliche Motive will Robespierre nicht gelten lassen: weder „die Erinnerung an eine alte Verbin-

dung" (mit Camille) noch die Drohung, „dass die Gefahr, indem sie sich Danton nähere, auch bis zu [ihm] dringen könne".

- Und so fordert er die Ablehnung von Legendres Vorschlag, darüber hinaus aber eigentlich auch schon die Verurteilung der Dantonisten.
- Robespierre erhält ungeteilte Zustimmung; es ist also eigentlich überflüssig, dass nun auch Saint-Just eine große Rede anschließt. Tatsächlich zielt diese Rede auch weniger auf den aktuellen Anlass, sondern erhebt sich über die niedere Tagespolitik zu so etwas wie einem Glaubensbekenntnis der jakobinischen Revolution. Besonders deutlich wird dieser Charakter der Rede durch die Reaktion der Anwesenden: „Langer, anhaltender Beifall. Einige Mitglieder erheben sich im Enthusiasmus. [...] Die Zuhörer und die Deputierten stimmen die Marseillaise an."

Rede Saint-Justs

Glaubensbekenntnis der jakobinischen Revolution

- Während in Robespierres Äußerungen stets der moralische Ansatz, die Tugendideologie Rousseaus, durchscheint, entwickelt Saint-Just die Grundsätze der Revolution sozusagen auf naturgeschichtlicher Basis:
- „Die Natur folgt ruhig und unwiderstehlich ihren Gesetzen, der Mensch wird vernichtet, wo er mit ihnen in Konflikt kommt", z. B. bei Erdbeben, Vulkanausbrüchen, Überschwemmungen. „Soll die moralische Natur in ihren Revolutionen mehr Rücksicht nehmen als die physische? Soll eine Idee nicht ebenso gut wie ein Gesetz der Physik vernichten dürfen, was sich ihr widersetzt?" Dabei sind die Revolutionäre das Werkzeug, dessen sich der „Weltgeist" bedient. Ob die Opfer an einer Seuche oder an der Revolution sterben, ist gleichgültig.

- Naturgesetzlichkeit der Revolution

- Die Entwicklung der Menschheit schreitet langsam voran; die einfachen Erfindungen haben große Opfer gefordert. Eine Zeit (wie die der Revolution), in der „der Gang der Geschichte rascher ist", erfordert naturgemäß mehr Opfer.

- Notwendigkeit von Opfern

- Grundsatz der Revolution ist die Gleichheit aller, ohne Vorrechte für einzelne Personen oder Klassen. Die Durchsetzung dieses Grundsatzes hat Leichen zurückgelassen, und es werden auch noch mehr Leichen zurückbleiben: „Moses führte sein Volk durch das Rote Meer und in die Wüste, bis die alte verdorbne Generation sich aufgerieben hatte [...] wir haben den Krieg und die Guillotine."

- Prophezeiung einer Menschheitserneuerung

– Am Schluss wird die Rede immer stärker zu einer Prophetie, die die Verjüngung und völlige Neuschöpfung der Menschheit durch ein ungeheures Blutvergießen (eine „Sündflut") verheißt. Wenn Saint-Just die Töchter des Pelias zitiert, die ihren Vater zerstückelten, um ihn in einem Blutkessel zu verjüngen, so übersieht er dabei – Absicht oder Versehen Büchners? –, dass das Experiment der Pelias-Töchter nicht gelang!

Allgemeiner Enthusiasmus des Konvents

Mit der Apotheose der menschheitserneuernden Revolution in der Rede Saint-Justs und mit dem Enthusiasmus der Revolutionäre endet der zweite Akt und damit der Revolutions-Teil des Dramas. Akt III und IV zeigen die Kehrseite, das bedrückende Resultat des revolutionären Pathos: Gefängnisse, Verhöre, Hinrichtungen.

Akt III: Die Gefängnisse und die Verhöre

KURZINFO

Akt III

- **III,1** Atheismus-Diskurs der Gefangenen; Reaktionen auf Einlieferung der Dantonisten.
- **III,2** Verfahrens-Tricks des Revolutionstribunals.
- **III,3** Frage nach der Verantwortlichkeit der Dantonisten für die Opfer.
- **III,4** Dantons Selbstdarstellung zwischen „Nichts" und „Pantheon der Geschichte".
- **III,5** Verrat Laflottes.
- **III,6** Verschärfung der Prozessordnung durch Saint-Just. Die Ausschussmitglieder als zynische „Spitzbuben".
- **III,7** Dantons Sehnsucht nach unerreichbarer Ruhe im Nichts. Seine Hoffnung, dass Julie ihn im Tod nicht allein lässt.
- **III,8–9** Camilles Sorge um Luciles Leben. Dantons politisches Testament.
- **III,10** Wechsel der Volksgunst von Danton zu Robespierre aufgrund des Lebensstils.

Struktur von Akt III

Im dritten Akt wechseln in fast regelmäßiger Abfolge Szenen, die in den Gefängnissen spielen (1, 3, 5, 7), mit solchen, die die Gegenwelt darstellen: das Revolutionstribunal, die Verhöre, den Wohlfahrtsausschuss (2, 4, 6, 8/9). Den Abschluss bildet eine Volksszene, die den Ausgang des Prozesses vorausnehmend abbildet (10).

III,1 – Das Luxemburg, ein Saal mit Gefangenen

Philosophische Erörterung der Gefangenen

Die 1. Szene beginnt, noch vor Einlieferung der verhafteten Dantonisten, mit einem langen philosophischen Gespräch, in dem Payne seinem Mitgefangenen Chaumette auf dessen Bitten hin beweist, dass es keinen Gott gibt. Chaumette fürchtet einen Gott, der die Menschen nach ihrem Tod richten könnte. In dieses Gespräch greifen auch Mercier und Hérault ein.

Payne ist ein Engländer, der sich praktisch und literarisch im amerikanischen Unabhängigkeitskrieg engagiert hat; er erhielt das französische Bürgerrecht und wurde girondistischer Deputierter. Als solcher ist er jetzt verhaftet – ebenso wie *Mercier*, ein Schriftsteller, dessen Erinnerungen an die Revolutions- und Gefängniszeit Büchner als eine seiner Quellen benutzt hat.

Dagegen gehört *Chaumette*, der Prokurator der Commune de Paris (Pariser Stadtverwaltung), auf die radikale Seite; er unterstützte u.a. die Entchristianisierungsbestrebungen und arrangierte das „Tedeum der Vernunft" in Notre-Dame. Als erklärter Atheist legte er sich den Namen des altgriechischen Philosophen Anaxagoras bei, der wegen Gottlosigkeit verurteilt und aus Athen verbannt worden war. Chaumette ist als den Hébertisten nahe stehend in Haft. *Hérault* ist bereits in I,1 als Danton-Freund eingeführt worden; er ist vor den anderen Dantonisten verhaftet worden.

Die Auswahl und Zusammenstellung dieser Gefangenen lässt etwas von der Vielfalt der revolutionären Bestrebungen ahnen, die jetzt alle der *terreur*-Politik zum Opfer fallen. In dem Versuch, die Nicht-Existenz Gottes zu beweisen, werden die geistesgeschichtlichen Voraussetzungen der Französischen Revolution gespiegelt: das Bestreben der Aufklärung, den Menschen von überlieferten Autoritäten (sei es die Kirche oder Gott, seien es Monarchie und Aristokratie) zu emanzipieren und ihn zu einem selbstverantwortlichen, im Sinne Kants „mündigen" Wesen zu machen. Dass die Anti-Gottesbeweise dieses Gesprächs auf das Problem des Leidens und des Sinns menschlichen Handelns hinauslaufen, führt direkt in die Atmosphäre der im Gefängnis spielenden Akte des Dramas ein.

Das philosophische Gespräch als Einführung in die Gefängnis-Atmosphäre

Paynes Beweise für die Nicht-Existenz Gottes

Payne also (der in diesem ‚Philosophengespräch' die dominierende Rolle hat, obwohl er im Weiteren dann nicht mehr vorkommt) versucht die Nicht-Existenz Gottes ganz in der Art der traditionellen Gottesbeweise zu demonstrieren, indem er von den Vorstellungen, die der Mensch sich von Gott macht, auf deren Realität schließt;

Unhaltbarkeit solcher Beweisführung

z. B.: Wenn Gott irgendwann plötzlich tätig geworden wäre, um die Welt zu erschaffen, dann ließen sich die Begriffe Zeit und Veränderung auf Gott anwenden, *„was beides gegen das Wesen Gottes streitet"* (tatsächlich streitet es nur gegen unsere Vorstellung vom Wesen Gottes).

Im Gespräch mit Chaumette, dann vor allem Mercier und zuletzt Hérault werden von Payne die folgenden Thesen vertreten:

- Gott kann die Welt nicht erschaffen haben; sie ist aber vorhanden; also gibt es keinen Gott.
- Die Schöpfung kann nicht ewig sein, denn dann wäre sie keine *Schöpfung*.
- Eine pantheistische Vorstellung, dass Gott in allem sei, ist abwegig, denn sonst müsste Gott „in jedem von uns Zahnweh kriegen".
- Man kann nicht von einer „unvollkommenen Wirkung" (der Welt) auf eine „vollkommene Ursache" (Gott) schließen.
- Bei der folgenden Überlegung, ob nicht eine vollkommene Ursache (Gott) notwendigerweise nur eine weniger vollkommene Wirkung haben könne (weil sonst ja die Wirkung Gott gleich wäre), so dass die Welt unvollkommen sein müsse, stößt man auf das Problem des menschlichen Leidens. Das Böse ließe sich vielleicht noch wegdiskutieren; aber dass es den Schmerz gibt, könnte einem Schöpfergott nicht verziehen werden: „Warum leide ich? Das ist der Fels des Atheismus. Das leiseste Zucken des Schmerzes, und rege es sich nur in einem Atom, macht einen Riss in der Schöpfung von oben bis unten."

Das menschliche Leiden als „Fels des Atheismus"

Epikureische Moralfreiheit

- Hinsichtlich der Moral (die ein Glaubender ja auf das Gebot Gottes zurückführen würde) kommt Payne zu demselben materialistisch-epikureischen Glaubensbekenntnis wie Danton in I,6 (oder auch Marion in I,5): „Ich weiß nicht, ob es an und für sich was Böses oder was Gutes gibt […]. Ich handle meiner Natur gemäß; was ihr angemessen, ist für mich gut und ich tue es, und was ihr zuwider, ist für mich bös und ich tue es nicht und verteidige mich dagegen."

Intrigen des Revolutionstribunals

Der philosophische Diskurs wird dadurch unterbrochen, dass die vier in dieser Nacht festgenommenen Dantonisten hereingeführt werden. Deren Verhaftung weckt bei Payne zwiespältige Gefühle, weil die Danton-Fraktion zwar bei der Liquidierung der Girondisten mitgewirkt hat, jetzt aber für alle Gemäßigten die einzige Hoffnung gewesen wäre. Andere Gefangene, besonders der Girondist Mercier, begegnen den neu Angekommenen mit höhnischen, z. T. auch hasserfüllten Kommentaren, bis sich eine freundlichere Stimmung durchsetzt, als einer der Gefangenen darauf hinweist, dass Camille es ja war, der in seiner Zeitung „das Wort Erbarmen gesprochen" hat.

Einlieferung der verhafteten Dantonisten

Reaktion der Mitgefangenen

Die Dantonisten bleiben auch nach der Verhaftung bei ihrer bisherigen Haltung. Lacroix tadelt Dantons Tatenlosigkeit; dieser rechtfertigt seine „Faulheit" mit der Sinnlosigkeit des Lebens; und Hérault führt die Stimmung Dantons in leichtfertigem Konversationston fort. Der Gefühlen stets viel zugänglichere Camille jedoch lehnt sich gegen Dantons Tonfall auf: „Du magst die Zunge noch so weit zum Hals heraushängen, du kannst dir damit doch nicht den Todesschweiß von der Stirne lecken." Und die Fortsetzung – „O Lucile! das ist ein großer Jammer!" – zeigt, dass seine Verzweiflung ebenso sehr durch den Gedanken an Lucile hervorgerufen ist wie durch die Aussicht des eigenen Sterbens.

Haltung der Dantonisten

Betroffenheit Camilles

III,2 – Ein Zimmer: Machenschaften des Revolutionstribunals

Auf der Gegenseite sieht man indessen das Revolutionstribunal intrigieren. Der öffentliche Ankläger Fouquier und Herrmann, der Präsident des Revolutionstribunals, besprechen, mit welchen Tricks man die Verurteilung Dantons und seiner Anhänger sicherstellen könne. Für den Fall, dass die geschickte Zusammengruppierung ganz verschiedenartiger Angeklagter nicht ausreicht, will man die Geschworenen des Gerichts nicht legal auslosen, sondern zweckentsprechend auswählen.

Intrigen des Revolutionstribunals

III,3 – Die Conciergerie. Ein Korridor [mit Gefangenen]: Frage nach der Verantwortlichkeit der Dantonisten für die Opfer

Ein Blick in die Conciergerie (das Pariser Untersuchungsgefängnis, die ‚Vorhölle der Guillotine') veranschaulicht die Schrecken, die die Revolution mit sich bringt, vor allem die Revolution, wie sie von den eben gezeigten Vertretern des Revolutionstribunals betrieben wird. Lacroix entsetzt sich über die Zahl der Opfer und das Ausmaß ihres Elends. Mercier (wie in III,1 erbitterter Ankläger der Dantonisten) hält ihm vor, dass all dieses Elend nur die Verkörperung der – bis vor kurzem auch von der Danton-Fraktion verkündeten – revolutionären Phrasen sei. Danton selbst versucht, seinen Anteil an der Schuld zu begrenzen. Seine Absicht bei der Einrichtung des Revolutionstribunals sei es gerade gewesen, neue willkürliche Tötungen nach Art der – von ihm mitzuverantwortenden – Septembermorde zu verhindern. Dass das Revolutionstribunal anderen Zwecken dienstbar gemacht wurde, sei nicht seine Schuld und koste jetzt auch ihn selbst das Leben.

Vorwürfe Merciers gegen die Revolutionäre

Rechtfertigung Dantons

III,4 – Das Revolutionstribunal: Das erste Verhör Dantons

Gleich zu Prozessbeginn wird eine zwiespältige Reaktion Dantons auf das Verfahren deutlich. Einerseits die Gleichgültigkeit gegenüber dem Urteil und die Todesgewissheit (die Gewissheit, ins „Nichts“ einzugehen; der Begriff des „Nichts“ wird angesichts des Todes in Dantons Denken immer wichtiger), andererseits aber dann doch die entschiedene Betonung der besonderen Verdienste, die er sich um die Revolution erworben hat: „Meine Wohnung ist bald im Nichts und mein Name im *Pantheon der Geschichte*.“

Dantons Selbstdarstellung: zwischen „Nichts“ und „Pantheon der Geschichte“

Herrmann, der Präsident des Revolutionstribunals, zitiert die Anklage (die von Saint-Just formuliert worden ist): Konspiration mit den konterrevolutionären royalistischen Kräften (die Namen, die genannt werden, stehen alle für Versuche, einen Ausgleich mit dem Königtum herzustellen oder die Monarchie wieder einzuführen). Danton weist diese Anschuldigungen empört als Verleumdungen zurück, fordert die Vorladung der Ausschüsse (Wohlfahrts- und Sicherheitsausschuss) als Kläger und Zeugen und beruft sich auf sein ganzes Leben als Kämpfer für die Freiheit, auf seine Taten für die Revolution, die er (in einem Kompromiss mit der II,5 entwickelten Vorstellung von der durch unbekannte Gewalten gelenkten Marionette) als zwar schicksalsbestimmt, aber so doch nur von ihm durchführbar begreift: „Das Schicksal führt uns die Arme, aber nur gewaltige Naturen sind

Die Anklage gegen Danton

Verteidigung Dantons

Berufung auf Dantons revolutionäre Taten

seine Organe." Erregt durch die Einsprüche des Präsidenten, zählt er in immer leidenschaftlicher werdender Rhetorik seine Verdienste um die Revolution auf: die Massendemonstration auf dem Marsfeld zur Abschaffung des Königtums im Juli 1791, die Hinrichtung Ludwigs XVI. am 21. Januar 1793 und die Septembermorde, die hier – anders als in II,5 und auch noch eben in III,3 – positiv gesehen werden, allerdings mit etwas überanstrengt rhetorischen Metaphern der Gewalttätigkeit: „Ich habe im September die junge Brut der Revolution mit den zerstückten Leibern der Aristokraten geätzt."
Wegen des ständig zunehmenden Beifalls für Danton hält es der Präsident für angebracht, den Prozess zu unterbrechen.

III,5 – Das Luxemburg. Ein Kerker: Der Ausbruchsplan Dillons und der Verrat Laflottes

Ausbruchsplan des gefangenen Generals Dillon

Dem girondistischen General Dillon wird im Kerker eine Mitteilung zugespielt, wie ungeheuer Dantons Auftreten vor Gericht auf das Volk gewirkt hat. Der angetrunkene und deshalb leichtsinnige General entwickelt daraufhin den Plan, Dantons und Camilles Weiber sollten (Papier-)Geld unter das Volk streuen, und dann werde er, gestützt auf „alte Soldaten, Girondisten, Exadlige", einen Ausbruch machen, die Gemäßigten befreien und die Dezemvirn stürzen.

Entschluss des Mitgefangenen Laflotte zum Verrat; seine Philosopheme

Dillons Mitgefangener Laflotte entschließt sich, diesen Plan zu verraten, um sich dadurch selbst zu retten. Bei Laflottes Abwägen zwischen Selbsterhaltung und „Schufterei" erscheinen philosophische Grundsätze Dantons und Paynes in zynischer Persiflage: „Der Schmerz ist die einzige Sünde und das Leiden ist das einzige Laster, *ich werde tugendhaft bleiben*" [indem ich mich durch Verrat rette!].

III,6 – Der Wohlfahrtsausschuss

Der Wohlfahrtsausschuss bei der Arbeit

Die Szene III,6 charakterisiert und desavouiert das Handeln, das Denken und die Motive der Robespierre-Fraktion, die durch die Wohlfahrtsausschuss-Mitglieder Barrère, Collot, Billaud und zeitweise auch Saint-Just vertreten ist. Durchgehend anwesend ist als für die Aussage wichtigste Figur Barrère. Im Übrigen ist die Szene durch mehrfachen Personenwechsel in fünf Teil-Szenen gegliedert.

Nachricht über Dantons Auftreten beim Prozess

Saint-Just berichtet über das zweite Verhör (das also inzwischen stattgefunden hat) und das noch größere Aufsehen, das Danton und sein Appellieren an das Volk dabei erregt hat. Während Robespierre, wie man hört, in tatenlosem Schweigen verharrt, ist Saint-Just unerbittlich entschlossen, die Dantonisten zu liquidieren.

Grausame Bescheide auf Bittschriften

Billaud und Collot beantworten während einer kurzen Abwesenheit Saint-Justs mit zynischer Grausamkeit Bittschriften aus den Gefängnissen, etwa so: „Bürgerin, es ist noch nicht lange genug, dass du den Tod wünschest" (was Barrère nachher in seinem selbstkritischen Monolog im fünften Szenenteil kommentiert: „Diese Worte hätten die Zunge müssen verdorren machen, die sie gesprochen").

Saint-Justs Plan einer Verschärfung der Prozessordnung

Saint-Just hat eben die Anzeige Laflottes über eine Konspiration in den Gefängnissen erhalten; er wird sie – auch wenn es sich dabei wohl um „Märchen" handelt, wie Barrère einwendet – zur Durchsetzung einer verschärften Prozessordnung des Revolutionstribunals benutzen, die Danton zu Fall bringen soll und wird. Collot und auch Barrère unterstützen sein Vorhaben mit revolutionär-pathetischen Phrasen.

‚Lasterhaftigkeit' der Wohlfahrtsausschussmitglieder

Nachdem Saint-Just gegangen ist, erweisen sich Barrère, Billaud und Collot als „Spitzbuben", die den Wohlfahrtsausschuss nur für ihre persönlichen Zwecke nutzen, ohne mit den Zielen oder gar mit den Tugendprinzipien Robespierres übereinzustimmen. Anknüpfend daran, dass Saint-Just eben für das Guillotinieren das Wort „Kur" gebraucht hat, empört sich Barrère, dass Robespierre gar nicht gegen die Gemäßigten kämpfe, sondern gegen das Laster. Barrère hat einen persönlichen Grund für diese Empörung, denn er nimmt an den Ausschweifungen in dem Revolutions-Luxusort Clichy teil, hat sich dabei auch die Lustseuche zugezogen. Aber auch zwischen den anderen Dezemvirn und Robespierre deuten sich Spannungen an, die so weit gehen, dass sogar dessen Hinrichtung für die Zukunft ins Auge gefasst wird:

Drohungen der Parteigänger gegen Robespierre

> BILLAUD: Bis jetzt geht unser Weg zusammen.
> BARRÈRE: Robespierre will […] die Guillotine als Katheder gebrauchen.
> BILLAUD: Oder als Betschemel.
> COLLOT: Auf dem er aber alsdann nicht stehen, sondern liegen soll.

Allein zurückgeblieben, distanziert sich Barrère in einem Monolog zunächst von der Grausamkeit seiner Parteifreunde und legt sich dann selbstkritisch Rechenschaft über sein eigenes Handeln ab; er versucht, sein Gewissen über die opportunistische Beteiligung an den Grausamkeiten der Dezemvirn zu beruhigen. Er hat dabei mitgemacht, weil er sich als Verdächtiger in Lebensgefahr glaubte, aber ist das ein hinreichender Grund?

Selbstkritische Reflexion Barrères

III,7 – Die Conciergerie: Die Dantonisten angesichts des Todes (1)

Die Gefängnisszene III,7 ist die erste von insgesamt drei Szenen, die Haltung und Bewusstsein Dantons und seiner Freunde angesichts des näherrückenden Todes zeigen. Wie IV,3 und IV,5 gestaltet sie die Todesgewissheit in Anbetracht der immer deutlicher sich abzeichnenden Verurteilung und das Zurückschaudern vor dem Tod, zumal vor diesem langsamen, aber unaufhaltsamen, „mechanischen" Herannahen des Todes. Das Schaudern vor dem Tod wird von Lacroix, Camille und Danton mit nur leichten Nuancierungen formuliert; nur Philippeau tröstet sich damit, dass ihr Tod einen in die Zukunft weisenden Sinn haben könnte.

Zurückschaudern vor dem Sterben

Dantons Sehnsucht nach dem unerreichbaren Nichts

Gegen diese Vorstellung empört sich Danton, denn was er wünscht, ist ewige und endgültige Ruhe: die Ruhe, die im „Nichts" ist. Doch – anders als beim Verhör III,4, wo er sich sicher glaubte, bald im Nichts zu wohnen – weiß er hier, dass er diese Ruhe nicht finden, dass er nicht ins Nichts eingehen kann. Denn für ihn als (atheistischen) Materialisten gilt der „verfluchte Satz: Etwas kann nicht zu nichts werden! „und ich bin etwas. Das ist der Jammer". Und in Weiterführung dieser Vorstellung findet er für sein Leiden unter der Sinnlosigkeit des Lebens (bzw. des Seins oder der „Schöpfung") und unter der Unerreichbarkeit einer Erlösung (d.h. der Ruhe, also des Nichts) das Bild von dem Nichts, das an der Wunde der Schöpfung, die es sich selbst zugefügt hat, zugrunde geht: „Das Nichts hat sich ermordet, die Schöpfung ist seine Wunde, wir sind seine Blutstropfen, die Welt ist das Grab worin es [das Nichts] fault."

„Das Nichts hat sich ermordet"

Camille nimmt diese Vorstellung auf („Oh nicht sterben können […]"), und Danton bestätigt sie noch einmal.

Dantons Gedanken an Julie

Doch dann schlagen seine Gedanken plötzlich um: Er muss sich eingestehen, dass er doch irgendwie am Leben hängt („ich bin gerad' einmal an diese Art des Faulens gewöhnt"); und vor allem beschäftigen ihn der Gedanke an Julie und die Hoffnung, dass sie ihn nicht allein gehen lässt; dass sie ihn im Tod allein lassen könnte, ist ihm ein unerträglicher Gedanke. Es ist das erste Mal, dass Danton seine Beziehung zu einem anderen so deutlich sich eingesteht und ausspricht – in einer Art, die sonst eher Camille eigen ist.
Am Ende der Szene ist Danton nicht bereit zum Sterben; er wird weiter kämpfen. Die letzten Szenen des dritten Aktes zeigen den Ausgang dieses Kampfes.

III,8–9 – Ein Zimmer / Das Revolutionstribunal: Das letzte Verhör

Die verschärfte neue Prozessordnung

Amar und Vouland, Mitglieder des Sicherheitsausschusses, übergeben dem öffentlichen Ankläger Fouquier die neue, verschärfte Prozessordnung (die Saint-Just in III,6 angekündigt hat).
Etwa gleichzeitig damit ist der Anfang der Gerichtsszene III,9 zu denken, denn Danton nutzt die durch die Ratlosigkeit des Revolutionstribunals entstandene Verwirrung zu einem Angriff gegen die Machenschaften seiner Feinde. Doch dann bringt Fouquier, begleitet von Amar und Vouland, die neue, eben vom Konvent beschlossene Prozessordnung, die im Fall von Unruhen den Ausschluss der Angeklagten erlaubt.

Camilles Sorge um Lucile

Dantons politisches Testament

Hochverrats-Vorwurf gegen Robespierre

Camille reagiert mit persönlicher Betroffenheit, weil er für Luciles Leben fürchtet (gemäß Laflottes Denunziation werden in der Begründung der Neuordnung Lucile und Julie der Bestechung des Volkes beschuldigt). Danton jedoch steigert sich zu einer letzten großen Rede, die so etwas wie sein politisches Testament ist: „Ich sehe großes Unglück über Frankreich hereinbrechen"; er klagt Robespierre und Saint-Just des Hochverrats an und wirft ihnen vor, sie wollten die Republik im Blut ersticken, seien aber unfähig, dem Volk Brot zu verschaffen. In einer tumultuarischen Szene, in der Danton allgemein Beifall erhält, werden die Gefangenen gemäß der neuen Prozessordnung abgeführt.

III,10 – Platz vor dem Justizpalast: Die Entscheidung der Volksmassen

Wie drinnen im Gerichtssaal, so neigt sich auch draußen vor dem Justizpalast die allgemeine Volksstimmung zunächst Danton zu. Als dann von verschiedenen Stimmen die Positionen Dantons und Robespierres konträr gegeneinander gestellt werden, entscheidet der Hinweis auf Dantons Luxusleben und Robespierres Tugendhaftigkeit: Das Volk wendet sich (endgültig) von Danton ab. Dieser Stimmungsumschlag ist die Voraussetzung für die Durchführbarkeit des sicheren Todesurteils.

Wechsel der Volksgunst von Danton zu Robespierre aufgrund des Lebensstils

Akt IV: Die Hinrichtung und der Tod der Frauen

KURZINFO

Akt IV

- **IV,1** Julies Entschluss, mit Danton zu sterben.
- **IV,2** Zynismus des Dumas.
- **IV,3** Die Alpträume Camilles und Dantons in der Nacht vor ihrem Tod.
- **IV,4** Ankunft der Hinrichtungskarren. Phantasien der wahnsinnigen Lucile vor dem Gefängnis.
- **IV,5** Letzte Gedanken der Verurteilten. Protestschreie gegen die Sinnlosigkeit des Leidens.
- **IV,6** Julie akzeptiert ihren Tod.
- **IV,7** Volksfestartiges Treiben. Bonmots der Dantonisten vor der Hinrichtung.
- **IV,8–9** Verzweiflungsmonolog Luciles und ihr Todesentschluss.

Der vierte Akt zeigt den Weg Dantons und seiner Freunde zum Schafott. Er beginnt jedoch mit einer Szene Julies, und das Drama endet damit, dass Lucile ihrem Mann in den Tod folgt. Um die zentrale Szene vor dem Abtransport zur Guillotine (IV,5) gruppieren sich die Wahnsinns-Szene Luciles (IV,4) und der Selbstmord Julies (IV,6). Durch diese Szenenanordnung erhalten das Schicksal und die Treue Julies und Luciles einen starken Akzent.

Struktur von Akt IV

IV,1–2 – Ein Zimmer [bei Julie] / Eine Straße

Zwei gegensätzliche Miniaturen eröffnen den vierten Akt. In der ersten Szene gibt Julie einem Knaben eine Locke für Danton und übermittelt ihm die Nachricht, dass er „nicht allein gehn“ werde.

Julies Entschluss, mit Danton zu sterben

In schneidendem Kontrast zu diesem Treuegelöbnis Julies steht die Straßen-Skizze: Dumas, einer der Präsiden-

Dumas, der Revolutionär mit dem ‚Tiger-Sinn‘

ten des Revolutionstribunals, enthüllt im Gespräch mit einem Bürger seinen zynischen ‚Tiger-Sinn': Er wird die Guillotine benutzen, um sich von seiner Frau ‚scheiden' zu lassen, und er kleidet dieses Vorgehen auch noch in die Phrasen antikisierender Revolutions-Rhetorik. Nebenher erfährt man hier, dass das Urteil gegen die Dantonisten inzwischen ergangen ist.

IV,3 – Die Conciergerie: Die Dantonisten angesichts des Todes (2)

Die Nacht vor der Hinrichtung

Die dritte Szene führt wieder in die Gefängnisse: Sie zeigt Danton und seine Freunde in der Nacht vor ihrer Hinrichtung. Nach einem kurzen einleitenden Geplänkel zwischen Lacroix und Hérault, die sich ein Bett teilen müssen, gehört der Rest der Szene ganz Camille und Danton und zeigt den Zusammenbruch der Haltung beider. Beide kommen zu dem Ergebnis: „'s ist so elend sterben müssen".

Camilles Sorge um Lucile

Camille wird mehr noch als von dem eigenen Todesgrauen von der Sorge um Lucile umgetrieben. Es ist für ihn unvorstellbar, dass jemand, den er so liebt, grausam getötet werden könnte. (Dieser Sorge Camilles korrespondiert am Ende Luciles Totenklage, in der sie Camilles Tod mühsam zu begreifen versucht; vgl. IV,8.) Aber auch der eigene Tod erscheint Camille grässlich und sinnlos, und er klammert sich an „die letzten Blicke" des Lebens.

Dantons Monolog angesichts des Todes

Lebensverneinende Zynismen

Eingeständnis, dass Sterben-Müssen „elend" sei, und Gedanke an Julie

Nachdem Danton den Freund beruhigt hat, formuliert er in einem großen Monolog seine eigenen einander teilweise widerstreitenden Gedanken angesichts des Todes. Über die bedrängende Vorstellung eines unaufhaltsamen Eingeschlossenwerdens versucht er hinwegzukommen, indem er mit zynischer Brutalität ausspricht, wie es morgen um ihn und seinen „lieben Leib" bestellt sein wird. Doch er muss sich eingestehen, dass ihm dieser lebensverneinende Zynismus nichts hilft, dass er vielmehr Camille Recht geben muss: „Jawohl, 's ist so elend sterben müssen". Nach einem Blick auf den schlafenden Freund wendet er dann seine Gedanken Julie zu; er dankt ihr, dass sie mit ihm sterben will. Doch sofort fällt er wieder zurück in eine Klage über das Verzweifelte des Sterbens und die dem Menschen auch im Tod versagte Mühelosigkeit. Und durchs Fenster in die Nacht blickend, formuliert Danton, gewissermaßen als Ergebnis seines Reflektierens, seine Überzeugung von dem beklagenswerten Zustand der Welt – im Gegensatz zu den vorangegangenen Zynismen diesmal in einem hochpoetischen Bild, das eben wegen seiner poetischen Schönheit auch so etwas wie Trost zu enthalten scheint, übrigens auch deshalb, weil es ein Wesen voraussetzt, das den trostlosen Zustand beklagt: „Wie schimmernde Tränen sind die Sterne durch die Nacht gesprengt, es muss ein großer Jammer in dem Aug sein, von dem sie abträufelten." Dann erwacht Camille von dem entsetzlichen Alptraum, dass er „wie ein Ertrinkender unter der Eisdecke" eingeschlossen sei (diese Schreckensvision korrespondiert mit Dantons Vorstellung von den immer enger sich zusammenschiebenden Wänden). Danton versucht den Freund zu beruhigen, und um nicht von Angstträumen gejagt zu werden, greifen beide zu einer Lektüre für die letzte Nacht. Camille, bei dem der Einbruch der Todesangst wesentlich tiefer gegangen ist, nimmt die empfindsam-erbaulichen *Klagen oder Nachtgedanken über Leben, Tod und Unsterblichkeit* des englischen Dichters Edward Young (1683–1765), während Danton sich über die Sinnlosigkeit von Leben und Sterben mit dem leichtfertig-ironischen Epos *La pucelle d'Orléans* von Voltaire hinwegsetzt (einem parodistischen antiklerikalen Epos über die Jungfrau von Orléans).

Klage über die Unvollkommenheit des Menschen

Camilles Alptraum von der Eisdecke

IV,4 – Platz vor der Conciergerie

Am nächsten Tag fahren vor dem Gefängnis die Karren vor, die die Verurteilten zur Guillotine schaffen sollen. Die Szene ist mit derber Komik gestaltet (ähnlich wie die Verhaftung Dantons, II,6): ein Geplänkel zwischen den Fuhrleuten, dem Gefängniswärter und schaulustigen Weibern.

Ankunft der Hinrichtungskarren

Der zweite Teil der Szene bringt – in der von Büchner wiederholt angewandten Technik – einen krassen Stimmungsumschlag, vom Grotesken zum Ergreifenden. Vor dem Gefängnis erscheint Lucile, die vor Schmerz wahnsinnig geworden ist, und phantasiert beim Anblick ihres Mannes hinter dem vergitterten Gefängnisfenster über Camille „mit dem langen Steinrock und der eisernen Maske vor dem Gesicht".

Phantasien der wahnsinnigen Lucile vor dem Gefängnis

IV,5 – Die Conciergerie: Die Dantonisten angesichts des Todes (3)

Letzte Gedanken der Verurteilten

Ungefähr gleichzeitig formulieren drinnen in der Zelle die Verurteilten ihre letzten Gedanken und Gefühle. (Die Hinrichtung nachher ist ein öffentlicher Auftritt, bei dem von den Verurteilten heroische Bonmots erwartet werden.) Die Szene beginnt mit einer Äußerung mitmenschlicher Zuwendung. Danton kümmert sich in diesen letzten Minuten um einen kranken Freund in der Nachbarzelle. Dann gibt er gegenüber Lacroix eine Einschätzung der politischen Lage (sie sei nach seinem Tod „in einer schrecklichen Verwirrung"), prophezeit den nahen Untergang Robespierres und spricht von seiner Gewissheit, dass seine revolutionären Taten nicht ohne Nachwirkung bleiben werden. In dies Gespräch eingeschoben sind monologische Äußerungen Camilles, der an den politischen Überlegungen überhaupt keinen Anteil nimmt, sondern nur an das Leid seiner geliebten Lucile denkt.

Danton prophezeit den Sturz Robespierres

Camille denkt an Lucile

Hérault – der in den letzten Szenen des Dramas zu immer eindrucksvollerer Haltung aufwächst – weist Danton darauf hin, dass die zuletzt geäußerte Selbsteinschätzung „Phrasen für die Nachwelt" sind. Er zieht nun auch Camille ins Gespräch, der ihm beipflichtet: Das Leben ist sinnlos, und es gibt auch keinen über den Tod hinausweisenden Sinn, auch nicht in Nachruhm oder Nachwirkung. Und als der fromme Philippeau von seinem Glauben an eine göttliche Weltordnung spricht (es gebe ein Ohr, für das alle Leidensschreie „ein Strom von Harmonien" seien), schreien Danton, Hérault und Camille abwechselnd in vielfachen Bildern ihre Frage nach dem verloren gegangenen Sinn des Lebens und ihren Protest gegen die Sinnlosigkeit des Leidens hinaus, bis Danton schließlich als Ergebnis resümiert: „Die Welt ist das Chaos. Das Nichts ist der zu gebärende Weltgott."

Protestschreie der Dantonisten gegen die Sinnlosigkeit des Leidens: „Die Welt ist das Chaos"

Dann kommt der Schließer und ruft die Gefangenen zur Abfahrt. Die Szene endet aber nicht mit diesem Ruf zum Tode, sondern – wie sie begonnen hat – mit dem Ausdruck mitmenschlicher Zuwendung: Die Freunde „umarmen einander", und Hérault nimmt den Arm des im Angesicht des Todes Schwächsten, Camilles: „Freue dich, Camille, wir bekommen eine schöne Nacht."

Gesten menschlicher Zuwendung

IV,6 – Ein Zimmer: Julies Tod

Todesmonolog Julies

Als Julie am Verstummen des Geschreis der Schaulustigen, die den Karren zur Guillotine nachlaufen, erkennt, dass Dantons Todesstunde da ist, nimmt sie das bereitgehaltene Gift. Im Gegensatz zu den Schreien der sich gegen die Sinnlosigkeit auflehnenden Männer ist ihr Sterben verhalten, „leise“; sie willigt in ihren Tod ein: „Es ist so hübsch Abschied zu nehmen, ich habe die Türe nur noch hinter mir zuzuziehen.“

IV,7 – Der Revolutionsplatz [mit der Guillotine]: Die Hinrichtung

Volksfestartiges Treiben auf dem Hinrichtungsplatz

Auf dem Revolutionsplatz macht schaulustiges, sansculottisch radikales Volk die Hinrichtung zu einer Art Volksfest. Als die Wagen mit den Verurteilten angefahren kommen, singen und tanzen die herbeigeströmten Männer und Weiber die Carmagnole, das radikal-plebejische Revolutionslied, wogegen die Gefangenen das mehr offiziell-nationale Lied der Französischen Revolution setzen, die Marseillaise.

Bonmots vor der Hinrichtung

Die Verurteilten werden von den Weibern verspottet und haben ein Wortgeplänkel mit ihnen zu bestehen. Danton mahnt Camille noch einmal zur Ruhe. Dann besteigen die Dantonisten das Schafott, wobei ihre letzten Worte von der Menge kritisch kommentiert werden. Camille geht als Erster, Danton – nach dem auch hier wieder sehr eindrucksvollen Hérault – als Letzter. Am Schluss steht ein Ausdruck der Freundschaft; als der Henker Hérault hindert, Danton noch einmal zu umarmen, hält ihm dieser entgegen: „Kannst du verhindern, dass unsere Köpfe sich auf dem Boden des Korbes küssen?“

IV,8–9 – Eine Straße / Der Revolutionsplatz: Luciles Ende

Verzweiflungsmonolog Luciles

Währenddessen versucht Lucile, ziellos durch die Straßen irrend, zu begreifen, dass Camille sterben soll, während doch sonst „alles leben“ darf. Von dem Protest gegen diesen Verlust („Die Erde müsste eine Wunde bekommen von dem Streich“) gelangt sie am Ende zu einem resignierenden „Wir müssen's wohl leiden“. Als einige Weiber die Gasse herunterkommen und die Hinrichtung kommentieren, muss sie sich eingestehen, dass ihr Camille nun tot ist.

Lucile auf den Stufen der Guillotine

Die Schluss-Szene zeigt noch einmal den Revolutionsplatz; zwei Henker sind damit beschäftigt, die Guillotine wieder in Ordnung zu bringen, wobei sie ungerührt ein derb-volkstümliches Lied singen. Dann kommt Lucile und setzt sich auf die Stufen der Guillotine, die sie als „stillen Todesengel" anruft und als „Totenglocke, die du ihn mit deiner süßen Zunge zu Grabe sangst": auch sie akzeptiert jetzt den Tod, ähnlich wie vorher Julie. Auf dem Gerüst der Guillotine sitzend, singt sie das schwermütig-schicksalsbewusste Volkslied vom „Schnitter Tod": „hat Gewalt vom höchsten Gott".

Todesentschluss Luciles

Als eine Patrouille von Bürgersoldaten vorbeikommt, ruft Lucile in plötzlichem Entschluss: „Es lebe der König!", womit sie sich natürlich zum Tode verurteilt; auch sie will, wie Julie, das Schicksal ihres Mannes teilen.

2 Analyse und Interpretation

Die Hauptfiguren

Die Figurenkonstellation

KURZINFO

- Die Hauptfiguren Danton und Robespierre sind genau konträr gezeichnet.
- Die Vertrauten Camille und Saint-Just wiederholen variierend die Haltungen der Hauptpersonen.
- Die Anhänger Dantons erscheinen als Gruppe von Freunden. Die Parteigänger Robespierres erweisen sich als eigensüchtige negative Charaktere.
- Julie und Lucile bringen Liebe und Klage in das Drama.

Danton / Robespierre

Die Figurenkonstellation des Stücks ist geprägt von der Gegenüberstellung der Titelfigur Danton mit Robespierre, der in fast allen Punkten genau konträr zu Danton gezeichnet ist: hinsichtlich der politischen Überzeugung, der philosophisch-existenziellen Haltung und des Lebensstils. Diese antithetische Grund-Konfiguration gilt streng genommen allerdings nur für die ersten beiden Akte, denn während Danton durchgehend gegenwärtig bleibt, scheidet Robespierre als Figur des Dramas ja nach dem II. Akt aus, wenn auch natürlich das von ihm eingeleitete Geschehen unaufhaltsam voranschreitet.

Camille / Saint-Just

Den beiden opponierenden Hauptpersonen stehen als nächste Vertraute Camille und Saint-Just zur Seite, die die Haltung ihrer Freunde variierend wiederholen, wobei sie sich sozusagen in entgegengesetzter Weise von ihrem Vorbild entfernen: Saint-Just ist kälter, härter, unmenschlicher als Robespierre, Camille weicher, menschlicher und lebensbejahender als Danton.

Die Dantonisten und die Anhänger Robespierres

Was die weiteren Anhänger angeht, die Dantonisten und die Robespierristen, so sind die Rollen recht ungleich verteilt. Um Danton und Camille schart sich eine Gruppe von Freunden: Gefährten zuerst im Lebensgenuss, auch wohl in der Ausschweifung, dann in Gefahr und Bedrohung, schließlich im Tod. Robespierre dagegen steht allein. In der ersten Dramenhälfte gibt es zwar Massen, die sich für ihn begeistern, aber keine als Einzelpersonen kenntlichen Robespierre-Anhänger (Freunde hat Robespierre schon gar nicht; auch Saint-Just in I,6 ist kein Freund, und sogar Vertrauter nur in einem mehr geschäftlichen Sinn). Im zweiten Teil tritt Robespierre selbst nicht mehr auf. Und was in den Akten III und IV von den Anhängern Robespierres sichtbar wird, färbt ihr Bild stark negativ, während umgekehrt die Dantonisten gegen Schluss positiver erscheinen als am Anfang.

Julie, Lucile und das Volk

Zu Danton und Camille gehören nicht zuletzt ihre Frauen, Julie und Lucile. Was diese an Thematik und Atmosphäre in das Stück bringen – Liebe, Treue, aber auch Klage und Ausdruck des Leidens –, dazu fehlt auf der Robespierre-Seite jeder Ausgleich. Es sei denn, man wollte hier als Gegenstück das Volk einsetzen, das sicher eine der ‚Personen des Dramas' ist und gewiss letztlich auf der Seite Robespierres steht. Eine solche Gegenüberstellung würde noch einmal die Grundkonstellation abbilden: Den Dantonisten ist die private Beziehung zugeordnet, Robespierre das demagogische, ‚volksführende' Wirken.

Danton

Danton als Zentrum der verschiedenen Problembereiche

Danton ist die Hauptfigur, in deren Gestaltung die verschiedenen thematischen Aspekte zusammenfließen: der politische, der existenzielle und der philosophische Problembereich, d. h. all die Probleme, die im Thematik-Kapitel (S. 71ff.) dargestellt werden.

Die passivdistanzierte Haltung Dantons

Die Danton-Fraktion steht für das politische Programm der Mäßigung und der Gnade. Doch vertreten wird dies Programm fast nur von Dantons Freunden, während Danton selbst von der Eingangsszene an diese Ziele mit ironisch-distanzierter Skepsis betrachtet und sich von politischer Aktivität resigniert in den Lebensgenuss zurückzuziehen trachtet. Immerhin erlebt man ihn in I,6 in der Konfrontation mit Robespierre, und zwar als den eindeutig Überlegenen, der Robespierres Selbstsicherheit zu erschüttern vermag. Später (II,1) hört man, dass er auch praktische Versuche unternommen hat, Verbündete für seine Politik zu gewinnen, nämlich die Sektionen des Pariser Gemeinderats – allerdings vergeblich.

Reste von Dantons revolutionärem Elan in den Prozess-Szenen

Die mitreißende Kraft, die dieser Revolutionsführer gehabt haben muss (anders wäre das politische Gewicht nicht zu verstehen, das auch in Büchners Drama ständig vorausgesetzt wird), wird in den Prozess-Szenen des III. Akts erahnbar, wo sie freilich unter dem tragischen Vorzeichen des nicht mehr abwendbaren Scheiterns steht. Da zieht Danton durch das Feuer seiner Rede das Volk vorübergehend auf seine Seite und bringt das Revolutionstribunal in äußerste Bedrängnis. Er bekennt sich leidenschaftlich zu seinen revolutionären Taten (III,4), die ihn doch vorher zu so tiefen Zweifeln geführt haben, und er schwingt sich auf zu einer grundsätzlichen Abrechnung mit der Politik Robespierres und seiner „Henker", die er des Hochverrats und des Verrats an Revolution, Republik und Freiheit anklagt.

Doch diese Auftritte eines politischen Danton vor der Öffentlichkeit bleiben Ausnahmen. Insgesamt ist Danton als private Person gezeichnet und in private Räume gestellt. Und es sind primär philosophisch-existenzielle Probleme, die sein Denken und seinen Lebensstil bestimmen, nicht die politischen Grundsatzfragen. In denjenigen Szenen, in denen am meisten von der Person Dantons sichtbar wird, von seinem Denken und Fühlen, ist er als Träger des Nihilismus-, des Epikureismus- und des Fatalismus-Themas gezeichnet. Das Nihilismus-Thema ist am klarsten in den drei Szenen angesichts des Todes ausgesprochen (III,7; IV,3; IV,5); das Epikureismus-Thema erscheint in argumentativer Formulierung in der Auseinandersetzung mit Robespierre (I,6), stimmungsmäßig in den sehr lyrischen Passagen der Marion-Szene (I,5); und die Fatalismus-Problematik entwickelt Danton in der Szene am nächtlichen Fenster (II,5).

Danton ist primär private Person und hat privat-existenzielle Probleme

Charakteristisch für Danton ist das Zweifeln und Suchen, die Widersprüchlichkeit seines Handelns und Denkens. Für keines seiner Themen hat er eine Konzeption, die ohne Brüche aufginge (anders als etwa Payne, der glaubt, die Welt mit seinen logischen Deduktionen in den Griff bekommen zu können; anders natürlich auch als der seiner Sache gewisse Robespierre). Danton akzeptiert gelegentlich die von Lacroix geprägte Formulierung, er sei ein „toter Heiliger", den man bestenfalls „im Arsenal aufheben" werde, während Robespierre jetzt „das Dogma der Revolution" sei (I,5 und II,1). Aus dem Bewusstsein solcher Unzeitgemäßheit resultiert seine Haltung: Unsicherheit, Skepsis, die oft in Zynismus

Zweifeln und Suchen Dantons

Skepsis als Folge des Bewusstseins der Unzeitgemäßheit

übergeht, bisweilen auch die Theater-Pose. Aus dem Nebeneinander etwa von Skepsis und Pose ergeben sich immer wieder Widersprüche in Inhalt oder Stil.

Widersprüche bei Danton
- Erkennen der Gefahr und Untätigkeit

Zu den kennzeichnendsten Widersprüchen Dantons gehört es, dass er trotz der klaren Erkenntnis der drohenden Gefahr (schon in I,1 und später besonders im Gespräch mit Lacroix, I,5) dann doch seine „Faulheit“ beibehält, mit der viel zu billigen Selbstberuhigung: „Sie werden's nicht wagen“. – Eine andere, diesmal philosophisch-existenzielle Widersprüchlichkeit ist es, dass Danton sich den Tod und die Ruhe im Grab wünscht (I,1 als Leitmotiv eingeführt); dass er sich aber dennoch, teilweise sogar verzweifelt, gegen das Sterben-Müssen wehrt (etwa III,7, IV,3 oder auch in den Verhör-Szenen). Auf der Flucht kehrt Danton um, weil ihm zu Bewusstsein kommt, dass der Tod ihn vor seinem Gedächtnis retten werde (so erklärt er jedenfalls in II,4); an anderer Stelle glaubt er aber gerade nicht an die Möglichkeit eines völligen Endes der Existenz (III,7).

- Bejahung und Abwehr des Todes

Dantons Verhalten ist positiver als sein theoretisches Denken

Am interessantesten sind die Fälle, in denen Dantons praktisches Handeln seiner theoretischen Position widerspricht, und zwar insofern sein Handeln positiver, lebensbejahender ist. Das betrifft vor allem seinen grundsätzlichen Zweifel an der Möglichkeit zwischenmenschlicher Kommunikation. Mit diesem Thema eröffnet er ja das Stück, indem er Julies Glauben an die Zusammengehörigkeit seine hoffnungslose Skepsis entgegenhält. Tatsächlich jedoch bewahrt Danton Freundschaft und menschliche Zuwendung, vor allem gegenüber Camille (IV,3); und seine Beziehung zu Julie ist echt und tragfähig, ihre Treue bis in den Tod gibt ihm Geborgenheit (III,7; IV,3).

- Echte Beziehung zu Camille und Julie

- Skepsis als zeitweilige Attitüde, die Menschlichkeit verstecken will

Ähnlich steht es mit der lebensverachtenden Skepsis, in der sich Danton gelegentlich gefällt. Beispielsweise erklärt er in II,1, es sei kein Unglück, dass die Guillotine die Lebenszeit ein wenig reduziere; „ob sie [die Leute] nun an der Guillotine oder am Fieber oder am Alter sterben“, sei letzten Endes gleichgültig. Das klingt fast wie Saint-Justs Formulierung in der Konvents-Rede II,7: „Was liegt daran, ob sie nun an einer Seuche oder an der Revolution sterben?“ Doch während Saint-Just mit seinem Satz konkret die Auslieferung der nächsten Gruppe von Opfern an die Guillotine begründen will, spricht Danton eigentlich nur von der eigenen Entscheidung für seine Person; die Verallgemeinerung zu einem allgemeingültigen Satz gehört zu den theatralischen Attitüden, in denen er sich bisweilen gefällt. Nach dem Zusammenhang der Szene meint Danton, die Rettung des eigenen Lebens sei es ihm nicht wert, dafür andere guillotinieren zu lassen, dann wolle er lieber selbst guillotiniert werden. In Gefahr für sein Leben ist Danton ja aber eben deshalb geraten, weil er sich – entgegen seiner vorgeblichen Gleichgültigkeit gegenüber dem Leben – für ein Ende des Mordens eingesetzt hat. Es ist gerade diese Widersprüchlichkeit des Leidenden, dem Geschehen als Marionette Ausgelieferten, die Danton zu einer so eindrucksvollen Figur macht und ihm die Sympathie des Zuschauers sichert.

Die Politik der Mäßigung widerlegt die Gleichgültigkeit gegenüber dem Leben

Der historische Danton, ein hervorragender populärer Agitator, war ein wesentlicher Motor der Revolution. Er war maßgeblich an der Organisation der Versammlung auf dem Marsfeld beteiligt, die den Sturz des Königs forderte (1791). Seine Propaganda mobilisierte die Volksmassen zum Sturm auf die Tuilerien, durch den die Monarchie gestürzt wurde (1792). An der Einrichtung des Revolutionstribunals und des Wohlfahrtsausschusses (1793) wirkte er maßgeblich mit. Die Septembermorde (1792) hat er nicht veranlasst, aber – obwohl Justizminister – auch nicht zu verhindern versucht.

Zum historischen Vorbild

Milde war ihm nicht fremd; beispielsweise versuchte er 1793, das Leben der Königin zu retten. Nachdem sich die militärische Lage gegenüber den aufständischen Royalisten und gegenüber der antifranzösischen Koalition der Monarchien stabilisiert hatte, begann er sich im November 1793 für ein Ende des Terrors und für einen Friedensschluss mit den auswärtigen Feinden einzusetzen, wobei er sich selbst zunächst zurückhielt und vor allem Desmoulins für sich wirken ließ.

Grund für den Gesinnungswandel kann die ehrliche Überzeugung gewesen sein, dass eine Politik der Milde zur Wiederversöhnung des Landes führen könne. Danton kann aber auch aus Opportunismus umgeschwenkt sein, weil er (einige Monate verfrüht) die öffentliche Stimmung bereit zum Frieden glaubte. Schließlich kann es sich auch um eine der in seiner Laufbahn mehrfach wiederkehrenden Phasen von Depression und Untätigkeit gehandelt haben. Büchners Danton entspricht also ziemlich genau dem historischen Vorbild. Trotz der Übereinstimmung der Fakten erscheint das Bild Dantons in der Biographie von Frédéric Bluche (1988) dennoch erheblich negativer als bei Büchner – vor allem wegen der Vorwürfe der Käuflichkeit und der opportunistischen Prinzipienlosigkeit.

Robespierre

Robespierre in den Szenen I,2, I,3 und II,7

Robespierre hat, abgesehen von der nächtlichen Konfrontation mit Danton, drei große politische Auftritte: I,2 auf der Gasse das demagogische Werben um das Volk; I,3 im Jakobinerklub eine Grundsatzrede über die Prinzipien revolutionärer Politik; und II,7 im Nationalkonvent eine Rede aus aktuellem Anlass: Rechtfertigung der Verhaftung der Dantonisten und Ablehnung der Begnadigung.

Aktivismus; geschicktes Agieren

Demagogie

Deutlich wird in allen diesen Szenen der Aktivismus Robespierres, der den öffentlichen Auftritt vor großem Auditorium sucht, und sein rhetorisch geschicktes Agieren und Agitieren, mit dem er die wichtigsten politischen Gruppen für sich zu gewinnen vermag: eben das Volk, die Jakobiner, den Konvent. Bei seinen Angriffen gegen die Dantonisten zeigt der ‚tugendhafte' Robespierre keine Hemmungen, wenn es gilt, seine Politik durchzusetzen; und in der Unterredung mit Saint-Just schiebt er seine Unentschlossenheit zwar mit Bedenken, aber dann doch energisch beiseite. Dieser Aktivismus, der von der Tugendideologie ausgeht, aber vielfach in eindeutige Demagogie mündet, ist konstitutiv für die Figur Robespierres. Büchner zeichnet also seinen Robespierre in durchgehender Antithetik zu Danton: Öffentlichkeit statt privater Räume, Aktivismus statt Lähmung, Tugendideologie statt Epikureismus, demagogisches Engagement statt ironischem Skeptizismus.

Die Tugendideologie Robespierres

Mit seiner Tugendideologie, wie überhaupt mit den Kategorien seines Denkens, erweist sich Robespierre als Schüler des französischen Philosophen und Schriftstellers Jean-Jacques Rousseau (1712–78).

Die Theorie Rousseaus

Nach Rousseau ist der Staat

> „eine politische Organisation, die auf einem Gesellschaftsvertrag (Contrat social) beruht, den seine Bürger eingegangen sind kraft ihrer angeborenen und unveräußerlichen Rechte

auf Freiheit und Gleichheit und kraft ihres Vermögens zur Selbstbestimmung. Da die Zivilisation die Schuld daran trägt, dass es in Wirklichkeit nicht so ist, muss – im Ggs. zu jedem Fortschritts- und Wissenschaftsoptimismus – im Rückgriff auf die Einfachheit der Natur die natürlichste Form des Staates gefunden werden."
Rousseau legt „die Zukunft in die Verantwortung des Menschen. – Die Übereinstimmung des individuellen Willens mit dem allgemeinen Willen ist für R. „Tugend". In diesem moralischen Begriff ist seine Staatstheorie mit seiner Erziehungstheorie [...] verzahnt. [...] Das Problem für R. ist, eine Form des Zusammenlebens zu finden, die den einzelnen, der sich mit allen anderen verbindet, dennoch so frei läßt wie zuvor. Der sittl., freie Wille, der sich im Staat selbst bestimmt, ist der Gemeinwille, der als moralisches Prinzip unteilbar, unveräußerl. ist, unzerstörbar und unfehlbar sein muß, auch wenn ihm der empir. Wille aller nicht entspricht." (*Meyers Taschenlexikon Geschichte*, 21989, Bd. 5, S. 160 f., Artikel „Rousseau").

Der Glaube an ein erkennbares Ziel der Geschichte verpflichtet zu zielstrebigem Handeln (Politik des Terrors)

Aus diesem Ansatz ergibt sich für Robespierre die Verpflichtung, auf das nach seiner Philosophie erkennbare Ziel hin zu handeln, von Sonderinteressen abzusehen und für die Durchsetzung des Gemeinwillens zu kämpfen. Die verpflichtende Erkennbarkeit des Ziels rechtfertigt die Anwendung von Gewalt; daher die *terreur*-Politik; daher in der Grundsatzrede I,3 die Verbindung von Politik und Moral, von Schrecken und Tugend. Dass dieses ideologische Moralisieren sich nur im Kampf gegen die „Laster" der Dantonisten konkretisiert, nicht aber in einem sozialen Programm, ist von Robespierres Ansatz her durchaus verständlich. Auch der Hang zur Öffentlichkeit und die Volksverbundenheit entsprechen diesem Einsatz für den Gemeinwillen.

Schwächen Robespierres: Abgleiten in Demagogie und in Selbstherrlichkeit

Fragwürdig wird die Position Robespierres jedoch durch das bisweilen recht krasse Abgleiten in die Demagogie. Bei den Angriffen auf die Danton-Fraktion etwa ist er wenig wählerisch in seinen Mitteln und schreckt vor Unterstellungen nicht zurück (etwa dem Vorwurf konspirativer Zusammenarbeit mit „den Königen"). Nicht weniger befremdet in I,2 und I,3 die Betonung seiner Führerposition, seiner geradezu übermenschlichen Umsicht und Voraussicht. Er wird nicht nur vom Volk als „Messias" bezeichnet, sondern stellt sich durchaus auch selbst so dar; dazu gehört die Mischung von Revolutionspathos und prophetischer Diktion in seinem Stil.

Inhumanität als Konsequenz der Tugendideologie

Insgesamt erscheint Robespierre in seine Tugendideologie verrannt; eine Verranntheit, die zu Realitätsverlust und Inhumanität führt. Oder, negativer gesehen: Vielleicht benutzt er die Tugendideologie sogar nur als Deckmantel für persönliches Machtstreben?

Die Robespierre-Szene I,6

Besonders wichtig für die Beurteilung Robespierres ist die Szene I,6 in seinem Zimmer: der Grundsatzstreit mit Danton, später das intrigierende Planen mit Saint-Just, darum herum gruppiert die beiden Monologe, in denen ausnahmsweise das Innere, die Seele Robespierres sichtbar wird.

Kontroverse mit Danton: Tugendideologie gegen Epikureismus

Das Streitgespräch mit Danton führt die Konfrontation von Tugendideologie und Epikureismus vor und lässt erkennen, dass Robespierre die philosophischen Überzeugungen, mit denen er seine mörderische Politik begründet und rechtfertigt, keineswegs so gründlich reflektiert hat, dass er sie gegen Danton zu verteidigen vermag.

Die Monologe Robespierres

Noch aufschlussreicher aber sind die beiden Monologe Robespierres: die Passagen, die ihn vor den anderen Dramenpersonen auszeichnen und in die Nähe Dantons rücken, schon äußerlich durch die nachdrückliche Parallelisierung mit der nächtlichen Danton-Szene II,5.

Mensch mit Selbstzweifeln

Es zeigt sich hier der andere Pol in Robespierres Wesen: nach dem öffentlichen Auftreten vor den Massen hier die Innenansicht; nach dem demagogischen Agitieren für den skrupellos als richtig angesetzten eigenen Standpunkt jetzt die Infragestellung der Selbstsicherheit; Zweifel sogar an der Reinheit der eigenen Motive (treibt ihn politische Einsicht oder schnöde Eifersucht?).

Reflektieren über die schicksalsgewollte Rolle des „Blutmessias"

Die Szene läuft schließlich darauf hinaus, dass Robespierre den Vergleich Camilles akzeptiert und sich zu der ihm vom Schicksal zugewiesenen Rolle des Blutmessias bekennt. Dabei ist ernst zu nehmen, dass Robespierre unter der „Qual des Henkers" und unter der Vereinsamung, die ihm diese Rolle aufbürdet, wirklich leidet. Er lässt sich nur noch widerstrebend von Saint-Just zur Entscheidung drängen, weil auch er jetzt bei Zweifeln am Sinn politischen Handelns angelangt ist: „es erlöst keiner den andern mit seinen Wunden".

Lähmung durch das Bewusstsein von der Determiniertheit

Von dieser Szene ab kann man nicht mehr ohne Einschränkung von radikaler Aktion sprechen (auch wenn Robespierre sich in der Konventsrede II,7 noch einmal zu energischer Rhetorik aufrafft – wie es ja auch Danton in den Gerichtsreden III,4 und III,9 tut). Auch Robespierre wird offenbar, wie Danton, in seiner Aktionsfähigkeit gelähmt durch die Einsicht in die Determiniertheit seines Handelns und durch die Erkenntnis, dass er der ungeheuren Last nicht gewachsen ist, die ihm die Anforderungen der Situation bzw. die Heilserwartung des Volkes auferlegt. Und auch Robespierre kommt in seiner Reflexion über die Lage des handelnden Menschen nicht weiter als Danton. Die aufgezwungene Rolle eines „Blutmessias" ist nicht besser und befriedigender für das handelnde Subjekt als die einer Marionette.

Camille

Camille fällt von der ersten Szene an durch seine Bejahung des Lebens und der Schönheit auf. Er erscheint immer wieder als der für die Griechen Begeisterte – im Gegensatz zu der Beschwörung der sittenstrengen römischen Catonen, die der Revolution sonst geläufig ist. Auf die Griechen beruft er sich in seinen ersten Äußerungen; und unmittelbar vor dem Tod deutet er den Fuhrmann als Charon (den Fährmann, der nach griechischer Mythologie die Toten in die Unterwelt übersetzte) und das Vergießen seines Bluts als Libation (als das Trankopfer, das die Griechen beim Gastmahl den Göttern darbrachten). Diese Bezugnahme auf die Griechen anstelle der strengen römischen Tugendrichter will besagen: Camilles Ideale sind Freiheit, Selbstverwirklichung, Schönheit und Lebensfreude.

Camilles Bejahung von Leben und Schönheit

Camilles Begeisterung für die griechische Mythologie

Camille ist aufgeschlossen für das Wesen der Kunst. In II,3 bekommt er sogar Gelegenheit, unabhängig von der Handlung seine Kunstauffassung vorzutragen. Hier wirft er den Leuten (dem Theaterpublikum) vor: „Von der Schöpfung, die glühend, brausend und leuchtend, um und in ihnen, sich jeden Augenblick neu gebiert, hören und sehen sie nichts". Das ist ein völlig anderer Ton als bei Danton (etwa in der Ankleide-Szene II,1 oder in III,7: „Die Schöpfung hat sich so breit gemacht, da ist nichts leer. Alles voll Gewimmels"). Dass Camille als Künstler spricht, ist kennzeichnend für die gewissermaßen poetische Anlage seiner Figur. Voraussetzung für seine ästhetische Position aber ist seine Lebensbejahung. Die steht (solange er sie durchhalten kann) in deutlichem Kontrast zu der Lebensverneinung seines Freun-

Camilles Begeisterung für die Kunst; seine lebensbejahenddynamische Kunstauffassung

des Danton, wenn auch dessen epikureisches Genussstreben bisweilen einen ähnlichen Eindruck macht.

Camilles Verhältnis zu Robespierre

Erst recht befindet sich Camille mit seiner Anerkennung der Dynamik des Lebens natürlich im Gegensatz zu dem moralischen Rigorismus Robespierres. Doch ist der liebenswerte Charme Camilles so groß, dass über diesen Gegensatz hinweg Camille der Einzige ist, zu dem der finstere Robespierre seit Schulzeiten ein (im Rahmen seiner Möglichkeiten) herzliches Verhältnis hat (II,3; I,6); über Camilles (angeblich) notwendige Opferung empfindet Robespierre echten Schmerz (I,6).

Menschliche Beziehungen

Die Fähigkeit zu herzlichen und aufrichtigen menschlichen Beziehungen ist ein weiterer hervorstechender Charakterzug Camilles. Seine Freundschaft zu Danton geht weit über das Verhältnis politischer Kampfgefährten hinaus, ist auch vertrauter als das Freundschaftsverhältnis, das unter den Dantonisten allgemein herrscht.

Freundschaft mit Danton

Liebe zu Lucile

Und als innig und ergreifend ist die Liebe zwischen Camille und Lucile dargestellt. In II,3 lässt sich die Tiefe dieser Beziehung an den Reaktionen Luciles erahnen. Mit dem Näherrücken der tödlichen Bedrohung wird dann immer auffälliger, wie Camille sein Schicksal zuerst als Gefährdung „seiner" Lucile erfährt, während die Freunde vor dem eigenen Tod zurückschaudern. So lautet in der zweiten Verhör-Szene III,9 Camilles spontane Reaktion auf die Verschärfung der Prozessordnung und ihre Begründung mit Bestechungsversuchen Julies und Luciles: „Die Elenden, sie wollen meine Lucile morden!", während Danton sich in sachbezogener Argumentation gegen diese Maßnahme empört.

Es fügt sich zu der weicheren Persönlichkeit und zu der Lebensfreude Camilles, dass er auf das unerbittliche Herannahen des Todes sehr viel emotionaler, entsetzter reagiert als seine Freunde. Sein Gebaren in den Szenen angesichts des Todes grenzt an einen Zusammenbruch (III,7; am stärksten IV,3; IV,5; auch noch IV,7). Dabei ist zu beachten, dass Camilles Verzweiflung sich immer als Klage um die verlorene Schönheit des Lebens äußert, so etwa in IV,3: „Es ist so elend sterben müssen. […] Ich will dem Leben noch die letzten Blicke aus seinen hübschen Augen stehlen […]." Und bei den entsetzlichen Albträumen in derselben Szene hat Danton die Vision von sich unaufhaltsam zusammenschiebenden Wänden, Camille

Verzweiflung angesichts des Todes

Klage um die verlorene Schönheit des Lebens

die von der herabsinkenden Himmelsdecke, unter der er wie ein Ertrinkender unter der Eisdecke taumelt. In Camilles Vorstellung steckt bei aller Verzweiflung die Sehnsucht nach Leben und Schönheit, während Danton nur das Grauen vor dem Ausgeliefertsein an eine Mechanik empfindet.

Camilles Leiden um Lucile

Die Klage um die verlorene Schönheit konzentriert sich für Camille in dem bis an die Grenze des Wahnsinns reichenden Leiden um Lucile; denn Lucile ist ihm der Inbegriff der Lebensschönheit. „Sie können die Hände nicht an sie legen. Das Licht der Schönheit, das von ihrem süßen Leib sich ausgießt, ist unlöschbar" (IV,3). Das entspricht exakt der Szene IV,8, in der Lucile den Tod Camilles nicht fassen kann und nicht fassen will. Und auf den Anblick der wahnsinnig gewordenen Lucile reagiert er mit Bildern, in denen er auch seinerseits die Grenzen der Rationalität überschreitet: „Was sie aus dem Wahnsinn ein reizendes Ding gemacht hat. Warum muss ich jetzt fort? Wir hätten zusammen mit ihm gelacht, es gewiegt und geküsst" (IV,5).

Saint-Just und Camille: Gegenpole von Inhumanität und Humanität

Wenn Saint-Just die inhumanste Position in dem Stück einnimmt, insofern er ohne Rücksicht auf den Einzelmenschen in kühl-wissenschaftlicher Argumentation die Gesetze des „Weltgeists" zu vertreten glaubt, so verkörpern Camille und Lucile den äußersten Gegensatz dazu, die humane Position, die darauf setzt, dass der einzelne Mensch das Recht und die Möglichkeit hat, zu leben und glücklich zu sein.

Camilles tragisches Scheitern

Camille scheitert mit seinem Glauben. Doch ist das ein tragisches Scheitern, d. h. damit, dass er zugrunde geht, ist sein Anspruch noch nicht widerlegt. Büchner würdigt ihn der poetischen Erhöhung, mit der der tragische Held seit der Antike ausgezeichnet wird. Er als Einziger wird auf der Bühne beklagt, „stellvertretend für das Schicksal vieler, ja der Revolution selbst. Gegen das abstrakte Kalkül Saint-Justs ruft […] Lucile am Schluß das Recht zu leben als das elementare Recht jedes einzelnen Menschen ins Bewußtsein" (Poschmann, 1983, S. 157).

Saint-Just

Saint-Just als Chefideologe des Jakobinertums

Saint-Just ist der Chefideologe der jakobinischen Revolution. Als solchen kennzeichnet ihn Büchner durch die große Rede im Nationalkonvent II,7, die keine dramaturgische Funktion hat, sondern ausschließlich der Darstellung der geschichtsphilosophischen Konzeption der Jakobiner dient. Themen der Konventsrede sind: Rechtfertigung des revolutionären Terrors mittels Gleichsetzung von physischer und geistiger Natur; die Gleichheit aller als Ziel des revolutionären Terrors; prophetische Proklamation einer Erneuerung der Menschheit durch den Terror der Revolution. Auch Saint-Just reflektiert also auf das Absolute, wie Robespierre. Es geht ihm aber nicht um die bürgerlichen Freiheiten in der Französischen Republik, sondern um die Erneuerung der sündigen Menschheit. Unterschiede zwischen Robespierre und Saint-Just gibt es jedoch in der Begründung dieser Heilserwartung. Robespierre argumentiert moralisch, Saint-Just sozusagen naturwissenschaftlich; Robespierre empfindet die „Qual des Henkers", bei Saint-Just wird das Morden kühl-sachlich und ohne persönliche Anteilnahme gerechtfertigt. Die Ideologie gibt sich in verführerischer Weise wissenschaftlich-logisch und vernünftig. Natürlich kann Saint-Just deshalb auch keine monologische Selbstanalyse bekommen wie Robespierre und Danton. Er hat sozusagen kein Inneres, und sicher hat er kein Gewissen, das ihn quälen könnte. Der persönlichen Verantwortung entzieht er sich durch die Berufung auf ein objektives, mit naturwissenschaftlicher Exaktheit analysierbares Gesetz der Geschichte.

Die Konventsrede Saint-Justs

Die Erneuerung der Menschheit als Ziel der Revolution

Wissenschaftlich-objektiver Stil der ideologischen Argumentation

Saint-Justs Haltung ist inhuman, ‚*unmenschlich*' – einerseits, insofern er den Menschen schlicht mit der unbelebten Natur gleichsetzt und damit menschliche Kategorien wie Verantwortung ausschaltet; der Mensch als physikalische Größe wird zum verfügbaren Objekt gemacht. Andererseits entzieht sich Saint-Just dem Menschlichen durch den Sprung ins Überindividuelle, ja Transzendente: nicht weniger als viermal wird in der Rede die „Menschheit" apostrophiert und die Revolutionäre werden als Diener oder Mitarbeiter des „Weltgeists" gesehen. Diese Ausrichtung auf das große Allgemeine erlaubt es ihm, über das Einzelschicksal ungerührt hinwegzugehen: „Was liegt daran, ob sie nun an einer Seuche oder an der Revolution sterben?" Die ganze Rede ist voller Metaphern, die zwar als Bilder stimmig, aber herzlos sind; wie z. B. die Feststellung, dass, „wo der

Unmenschlichkeit Saint-Justs

Der Mensch wird zur Sache

Die Verantwortung trägt ein transzendenter „Weltgeist"

Das Einzelschicksal ist unerheblich

Gang der Geschichte rascher ist, auch mehr Menschen außer Atem kommen." (II, 7)

Entsprechend erscheint Saint-Justs Handeln in den übrigen Szenen, in denen er auftritt: objektiv, rasch und gewandt, mit sachlich-leidenschaftlichem Engagement, aber ohne persönliches Gefühl, ohne Menschlichkeit wenn allerdings auch ohne niedrige Interessen und ohne persönliche Machtlust. In der Taktik-Diskussion mit Robespierre in I,6 versteht es Saint-Just, durch seine Entschlossenheit dem zögernden Robespierre die Zustimmung zu seinen Plänen abzuringen. Der Schluss der Unterredung kontrastiert die Unbedenklichkeit und Unbeirrbarkeit Saint-Justs sehr grell mit der „Empfindlichkeit" Robespierres. Genauso zeigt sich Saint-Just auch in III,6 unter den Mitgliedern des Wohlfahrtausschusses: rasch, zielstrebig, unbeirrbar, auch skrupellos in der Benutzung der Denunziation Laflottes (an deren Haltbarkeit er offenbar selbst zweifelt), dabei aber scharf abgesetzt gegen die Grausamkeit und die Korruptheit der anderen Mitglieder, die ihren ausschweifenden Zynismus nur hinter seinem Rücken spielen lassen. Saint-Just ist frei von persönlicher Grausamkeit, aber mörderisch ist der Charakter seiner Logik, die ideologische Gewissheit, berufenes Werkzeug des Weltgeists zu sein.

Sonstiges Auftreten Saint-Justs: Zielstrebigkeit und Entschlossenheit gegenüber Robespierre (I,6) und im Wohlfahrtsausschuss (III,6)

Diese mörderische Seite der quasi-wissenschaftlichen Objektivität Saint-Justs wird von Barrère in der Wohlfahrtsausschuss-Szene III,6 entlarvt. Zuerst, als er die Tödlichkeit von Saint-Justs Satzperioden beschwört, worin „jeder Punkt ein abgeschlagener Kopf ist"; dann noch einmal, als er Saint-Justs Äußerung „Es gibt Leute im Konvent, die eben so krank sind wie Danton und welche die nämliche Kur fürchten" hinterher kommentiert: „Hast du das Wort *Kur* gehört?"

Entlarvung der Inhumanität der Position Saint-Justs durch Barrère

Die Danton-Freunde

Die Gruppe der Freunde und Anhänger Dantons besteht neben Camille aus Lacroix, Philippeau und Hérault. Diese vier nennt z. B. Saint-Just in I,6 das Gefolge von „Pferden und Sklaven", das man auf Dantons „Grabhügel schlachten" müsse. Typisch für diese Danton-Freunde ist ihr Auftreten als zusammengehörige und in sich stimmige Gruppe, deren parallele Äußerungen dasselbe Thema variieren. So etwa in I,1 bei der Entwicklung des

Zusammenhalt der Danton-Freunde als in sich geschlossene Gruppe

Liberalismus-Programms, in IV,5 bei dem Protest gegen die Sinnlosigkeit des Lebens. Dass die Freunde beisammen sind, ist auch im Gefängnis kein bloßer Sachzwang, denn offenbar haben die Gefangenen so viel Bewegungsmöglichkeit, dass z. B. in III,7 Hérault abwesend sein kann oder in IV,3 Philippeau.

Individualität der Gruppenmitglieder

Bei aller Geschlossenheit der Gruppe ist dennoch die Spannweite hinsichtlich der Charaktere und Haltungen beträchtlich, und Büchner kennzeichnet die einzelnen Dantonisten als deutlich unterscheidbare Individuen:

- *Lacroix* wird in I,4/5 gesondert eingeführt und zeigt sofort seine Individualität. Er denkt rational und nüchtern und analysiert scharf und klarsichtig. Seine Einsicht in die Lage, etwa in I,5 oder II,1, ist so deutlich und korrekt wie bei keinem anderen, auch bei Danton nicht. Er ist witzig und liebt Pointen und Wortspiele bis hin zum Zynischen, was ihn mit Danton verbindet und von den anderen unterscheidet. Sein elitär-ausschweifender Lebensstil ist aus der Geschichte bekannt und wird von ihm selbst in I,5 bestätigt. Dass Robespierre ihn einen „ausgemachten Spitzbuben" nennt (I,6), mag aber mindestens genauso bezeichnend für Robespierres Wertmaßstäbe sein wie für den Lebenswandel von Lacroix. Dass Lacroix dieses Urteil akzeptiert (I,5), ist nun wieder typisch für seinen spöttischen Zynismus, der sich auch gegen ihn selbst richtet. Charakteristisch für seine illusionslose Nüchternheit ist, dass er an den politischen und weltanschaulichen ‚Bekenntnissen' nicht teilnimmt. Bei der Formulierung des Liberalismus-Programms in I,1 lässt Büchner ihn nicht anwesend sein, bei den Protestschreien in IV,5 lässt er ihn schweigen. Der klar denkenden Sachlichkeit von Lacroix entspricht es auch, dass er mehrfach die Untätigkeit Dantons im Ton des Vorwurfs konstatiert (II,1; III,7; vor allem III,1), ohne dass es jedoch darüber zu einer Verstimmung käme. Das letzte Wort des Lacroix vor der Hinrichtung (IV,7) ist eine ganz korrekte Voraussage des Untergangs Robespierres, auch wenn Hérault über das Pathos spottet, das er zu Unrecht darin zu hören meint.

Philippeau: ehrlich, naiv, fromm

- Die farbloseste Gestalt unter den Danton-Freunden ist *Philippeau*, aber in dieser Farblosigkeit ist er von Büchner deutlich gezeichnet. Robespierre hält ihn im

Gespräch mit Saint-Just (I,6) nicht einmal eines abfälligen Kommentars für würdig. Dabei ist Philippeaus tiefste und echte Empörung über den Terror der Dezemvirn überall deutlich hörbar (etwa I,1 und II,1). Allerdings ist es bezeichnend für eine gewisse Einfalt, dass er die „ehrlichen Leute", also die Republik- und Revolutionsfeinde, als Bundesgenossen empfiehlt (I,1). Im Gefängnis-Teil des Dramas zeigt Philippeau eine Frömmigkeit, die neben dem reflektierten Atheismus der Freunde naiv wirkt (III,7 und IV,5; auch IV,7), ohne dass doch dieser weltanschauliche Unterschied das Zusammengehörigkeitsgefühl zu stören vermag.

- *Hérault* hält sich etwas distanzierter von den Übrigen. Man merkt ihm sozusagen an, dass er aus anderen Verhältnissen kommt (der historische Hérault war einer der Aristokraten, die früh zur Revolution gestoßen waren). Er wird vor den anderen eingeführt im Spielsalon, was zu seiner tändelnden Leichtfertigkeit passt. Er wird auch vor den anderen verhaftet (bei deren Einlieferung in III,1 ist er schon im Gefängnis); und er fehlt bei einigen der existenziellen Gespräche (II,1 und III,7). Andererseits ist es gerade Hérault, der sich kurz vor dem Tod durch Gesten schlichter, unverkrampfter Menschlichkeit zu immer eindrucksvollerer innerer Größe entwickelt (IV,4 und IV,7).

Hérault: aristokratenhaft, leichtfertig; am Ende von beeindruckender Menschlichkeit

Der innere Zusammenhalt der Dantonisten, ihre charakterliche Echtheit und ihre Freundschaft lässt sie eindrucksvoll und sympathisch erscheinen, vor allem im Kontrast zu der zweifelhaften Gefolgschaft Robespierres, wenn auch im Einzelnen die Leichtfertigkeit, die den meisten der Danton-Freunde anhaftet, und der Hang zum Luxus, den Robespierre als „Laster" geißelt, einige Schatten auf das Bild werfen.

Die Robespierre-Anhänger

Uneinheitlichkeit und geringe Individualität der Robespierre-Anhänger

Im Gegensatz zu den Danton-Freunden bilden die Gefolgsleute Robespierres keine homogene, in sich geschlossene Gruppe. In der ersten Dramenhälfte, solange Robespierre selbst auf die Bühne kommt, sind außer Saint-Just überhaupt keine seiner individuellen Anhänger zu unterscheiden, sondern nur begeisterte oder zur Begeisterung hingerissene Massen: das Volk, die Jakobiner, die Abgeordneten des Konvents. In Akt III werden zwei Kategorien von Gefolgsleuten Robespierres sichtbar: die Funktionäre des Revolutionstribunals (III,2,4,8 und 9) und einige Mitglieder des Wohlfahrtsausschusses (III,6).

Die Funktionäre des Revolutionstribunals

Die Funktionäre des Revolutionstribunals sieht man in III,2 in typischer Aktion: Fouquier, der öffentliche Ankläger, und Herrmann, Präsident des Revolutionstribunals, überlegen, mit welchen illegalen Tricks man die Verurteilung Dantons und seiner Freunde durchsetzen kann. Verglichen mit Saint-Justs Benutzung der Anzeige Laflottes (III,6) ist diese Darstellung in jeder Hinsicht negativer, schon weil hier überhaupt keine politische Zielsetzung erkennbar ist, sondern nur das Manipulieren der Handlanger. Die negative Darstellung dieser Manager des Revolutionstribunals wird noch verstärkt, wenn in III,8/9 Fouquier trotz aller illegalen Praktiken rat- und hilflos erscheint und nur mit Mühe durch die neue Prozessordnung (eine weitere rechtlich fragwürdige Maßnahme) gerettet wird.

Negativ dargestellte Handlanger

Die Mitglieder des Wohlfahrtsausschusses

Die Mitglieder des Wohlfahrtsausschusses, die andere Kategorie der Robespierre-Anhänger, zeigen sich – durchaus im Unterschied zu Robespierre und Saint-Just selbst – als grausame, skrupellose und egoistische Bösewichte. In III,6 schockiert zunächst die zynische Grausamkeit, mit der Billaud und Collot Anfragen und Bitten aus den Gefängnissen beantworten. Gegen Schluss der Szene erweisen sich diese Wohlfahrtsausschuss-Mitglieder geradezu als „Spitzbuben“. Sie stimmen keineswegs mit den Tugendprinzipien Robespierres überein, sondern sind nur aus egoistischen Motiven bisher dessen Weg mitgegangen, sind aber durchaus gewillt, ihre Interessen (das „Laster“) notfalls auch mit der Guillotine gegen Robespierre zu verteidigen. Den letzten Szenenteil bildet der Monolog, in dem Barrère sich Rechenschaft ablegt über seine opportunistische Beteiligung an den Grausamkeiten des Wohlfahrtsausschusses (auch in dieser Szene ist er ja an dem Treiben Billauds und Collots mitschuldig geworden). Schon vorher war es Barrère, der gegen die Denkweise Saint-Justs protestierte („Hast du das Wort *Kur* gehört?“); jetzt ist seine Verurteilung seiner Kollegen hart und eindeutig: „Die Ungeheuer! Es ist noch

Skrupellose und egoistische Spitzbuben

Bereitschaft zum Verrat an Robespierre

Barrères Verurteilung seiner Kollegen

nicht lange genug, dass du den Tod wünschest! Diese Worte hätten die Zunge müssen verdorren machen, die sie gesprochen."

Der selbstkritische Monolog Barrères in III,6

Barrère hebt sich dadurch hervor, dass ihm Büchner diese Gelegenheit zu monologischer Selbstanalyse gibt; umso stärker wirkt seine Verurteilung der Robespierre-Anhänger. Andererseits jedoch bleibt er auch weiterhin seinem Opportunismus, der Wahrung seiner persönlichen Interessen verhaftet. Seine Kritik äußert er nicht dem Kritisierten gegenüber, sondern immer erst hinterher, wenn sie nichts mehr nützt, aber ihm auch nicht schadet. Überdies gerät Barrères Selbstanalyse dadurch in ein schiefes Licht, dass sie der des Verräters Laflotte in III,5 so außerordentlich ähnlich klingt.

Belastung der Robespierre Anhänger durch die Dumas-Szene IV,2

Schließlich gibt es in Akt IV die für die Handlung ganz unerhebliche, also offenbar der Charakterisierung dienende kurze zweite Szene, in der Dumas, einer der Präsidenten des Revolutionstribunals, seinen ‚Tiger-Sinn' enthüllt, wenn er erzählt, dass Revolutionstribunal und Guillotine seine Ehe scheiden werden. Der Bürger, mit dem Dumas da spricht, reagiert entsetzt: „Du bist ein Ungeheuer!" und: „Das ist entsetzlich." Für den Zuschauer erscheint diese Szene umso entsetzlicher, als sie in hartem Kontrast auf die Szene folgt, in der Julie Treue über den Tod hinaus verspricht.
Verstärkt wird der Eindruck der Grausamkeit in den Szenen der zweiten Dramenhälfte um die Robespierre-Anhänger auch dadurch, dass diese Szenen in ständigem Wechsel mit der Sphäre der Gefängnisse konfrontiert werden, so dass der Zuschauer beständig Ursache und Wirkung nebeneinander gestellt sieht.

Die Volksszenen

Zur Person des Volkes ist das Wesentliche bei der Analyse der großen Volksszene I,2 und in dem Abschnitt „Büchners Darstellung der Revolution" (S. 71 ff.) gesagt worden. Volksszenen sind I,2; II,6; III,10 (die Promenaden-Szene II,2 führt eine gehobenere, bürgerliche Gesellschaft vor). Diese Szenen zeigen drei charakteristische Eigenschaften des Volkes:

Charakteristika des Volkes

- die elende materielle Lage, die Mitleid hervorruft und die Forderung sozialer Verbesserungen geradezu aufdrängt (I,2; II,6; III,10);

- Materielle Not

- Unberechenbarkeit

– die Unberechenbarkeit des Volkes, das plötzliche Umschlagen der Stimmung (vgl. die Lynchszene), die Unklarheit über die Ziele und die daraus folgende Anfälligkeit für Demagogie (I,2; III,10; auch II,2);

- Groteske Züge

– komische, zum Teil groteske Züge des Volkes, konkretisiert vor allem in Simon (I,2; II,2; II,6).

Das Volk als Voraussetzung für den Verlauf des Konflikts

Es scheint nicht akzeptabel, dieses Volk als den eigentlichen (positiven) Helden des Stücks hinzustellen, wie es marxistische Interpretationen meist tun. Deutlich ist vielmehr Büchners Absicht einer realistischen Darstellung der Basis, auf der allein diese Revolution sich entwickeln konnte und die Voraussetzung für den Verlauf des Konflikts zwischen Danton und Robespierre ist.

Belastung der Dantonisten durch die Volksszenen

Denn insofern sämtliche Volksszenen die elende Lage des Volkes hervorheben, sind sie belastend für die Leute, die sich in aristokratenhaftem Palais-Royal-Treiben ergehen, also für die Dantonisten. Da Robespierre die Forderung nach sozialer Revolution stellt (wenn er sie auch nicht expliziert), müsste das Volk auf seiner Seite stehen. Das ist freilich weder in I,2 noch in III,10 ganz eindeutig. Das Volk muss erst durch Agitation oder Demagogie gewonnen werden. Letzten Endes aber entscheidet es sich für Robespierre. Selbst wenn man in III,10 an einen geschickt arbeitenden Agenten denkt, der die Volksstimmung im Sinne Robespierres zu beeinflussen versteht: Das Umschlagen der Stimmung in dieser Weise ist trotzdem nur möglich, weil Danton tatsächlich von seinem Lebensstil verklagt wird. Jedoch verhindert Büchner eine eindeutige Tendenz der Volksszenen dadurch, dass er das Volk in keiner Weise idealisiert, sondern mit ungeschöntem Realismus in seiner Widersprüchlichkeit und Fragwürdigkeit darstellt.

Widersprüche des Volkes

Julie und Lucile

Die Szenen der Frauen

Zu den eindrucksvollsten und individuellsten Personen des Dramas gehören die Frauen Dantons und Camilles. Zwar treten sie jeweils nur viermal auf (Julie in I,1; II,5; IV,1; IV,6; Lucile in II,3; IV,4; IV,8/9; außerdem ist Julie gegenwärtig in den Gedanken Dantons in III,7 und IV,3, Lucile in denen Camilles in III,9, IV,3 und IV,5). Doch obwohl beide nur relativ wenig Text haben, ist ihr Einfluss auf Atmosphäre und Wirkung des Stücks bedeutend.

Ein äußeres Indiz dafür, wie sehr es Büchner auf das Sterben der Frauen mit ihren Männern ankam, ist übrigens die Tatsache, dass er hier die einzige nennenswerte Veränderung der historischen Fakten vorgenommen hat. Die historische Lucile suchte nicht selbst den Tod, sondern wurde einen Tag vor Camilles Hinrichtung verhaftet und eine Woche nach ihm guillotiniert; Dantons zweite Frau, mit der er seit 1793 verheiratet war und die in Wirklichkeit Sophie oder Luise hieß, starb keineswegs mit ihrem Mann, sondern heiratete drei Jahre später einen Aristokraten und lebte noch bis 1856, also bis lange nach Büchners Tod.

Veränderung der historischen Fakten bei der Darstellung Julies und Luciles

In der Gegenüberstellung der beiden wiederholt Büchner in etwa die Konstellation zwischen Danton und Camille, nur dass er allerdings Julie und Lucile nirgends zusammenkommen lässt. Lucile ist die weichere, poetischere. Ihre Todesszenen am Dramenschluss sind erschütternd. Julie ist stärker, gefasster; ihr Sterben beeindruckt durch seine unpathetische Schlichtheit, fast Selbstverständlichkeit.

Wie Camille von Anfang an durch seine Griechen-Begeisterung gewissermaßen poetisiert ist, so erscheint auch seine Lucile schon bei ihrem ersten Auftreten in II,3 als poetische Gestalt; poetisch hinsichtlich der seelischen Intensität ihrer Beziehung zu Camille. „Ich seh dich so gern sprechen", sagt sie; und als er fragt, ob sie denn auch rational aufgenommen habe, was er gesagt habe, weist sie dies Ansinnen geradezu empört zurück: „Nein wahrhaftig nicht": Für sie dient Sprechen nicht der Mitteilung von Überlegungen, sondern ist eine direkte Äußerung der Seele – etwa so, wie wenn man ein Volkslied singt. Und eben deshalb ist auch das Volkslied eine für Lucile typische Ausdrucksweise: Das Unbewusste, das die Seele Bedrängende findet im Volkslied einen Weg, sich unmittelbar zu äußern, ohne rationale Begründung. In ähnlicher Weise nimmt die tödliche Angst der Seele in visionären Bildern Gestalt an, wie hier in der Vorstellung von dem Zimmer, in dem ein Toter gelegen hat. Der Wahnsinn Luciles ist eigentlich nur die extremste Form des unmittelbaren Ausdrucks einer Seele, die sich unter dem Druck des Leids gänzlich von der Kontrolle durch das rationale Denken gelöst hat. Tatsächlich vermitteln ja die Wahnsinns-Vorstellungen Lu-

Lucile: poetische Gestalt durch seelische Intensität

Das Leiden Luciles demonstriert die grausame Sinnlosigkeit des Geschehens

ciles – das Bild von dem langen Steinrock und der eisernen Maske, die Camille hindern, sie zu umarmen und zu küssen – das Bewusstsein von der grausamen Sinnlosigkeit der Gefangenschaft und Ermordung viel unmittelbarer und stärker als das Räsonieren der Männer. Deshalb ist es auch Lucile, der Büchner die Schluss-Szenen des Dramas zuteilt: Die wieder zur Besinnung kommende Lucile, der es doch fast unmöglich ist, das Unfassbare von Camilles Tod zu begreifen, und die dann auf den Stufen des „Todesengels“ Guillotine das Lied vom Schnitter Tod singt – Totenklage für Camille und darüber hinaus vielleicht für all die vielen Opfer der Revolution.

Lucile dominiert die SchlussSzenen des Stücks

Innere Verwandtschaft von Lucile und Camille

Zugeordnet ist die so dargestellte Lucile eindeutig ihrem Camille, der allein an ihre Leidensfähigkeit heranreicht. Auch er hat einen Zusammenbruch, der ihn an den Rand des Wahnsinns treibt (IV,3); auch er spricht gelegentlich seine Seele unmittelbar in Bildern aus (etwa in IV,5: „Was sie aus dem Wahnsinn ein reizendes Ding gemacht hat [...]“); er besitzt das Gefühl für Schönheit, und deshalb ist auch ihm (wie Lucile in IV,8) die Vernichtung des geliebten Menschen geradezu ‚undenkbar‘ (IV,3).

Julie: Gefasstheit, Sicherheit, innere Stärke

Dantons Frau Julie ist, verglichen mit Lucile, gefasster und stärker – wie ja auch Danton stärker ist als Camille. Aber Julie erscheint sogar gefasster und stärker als Danton selbst, auch unverkrampfter und ernsthafter. Sie besitzt eine Sicherheit, die auf Danton ausstrahlt. Bemerkenswerterweise ist er an den Stellen am ernsthaftesten und unverkrampftesten, wo er an Julie denkt; so in IV,3 in der Passage am Fenster: „Ich werde nicht allein gehn, ich danke dir, Julie. [...] Wie schimmernde Tränen sind die Sterne durch die Nacht gesprengt, es muss ein großer Jammer in dem Aug sein, von dem sie abträufelten.“ Da ist Danton weit entfernt von Zynismus und von verzweifeltem Protest, den beiden Haltungen, die er sonst in den Szenen angesichts des Todes einnimmt. Die Passage am Fenster ist eine vorweggenommene Parallele zu Julies Todesszene IV,6. Auch Julie steht am Fenster und blickt auf die Gestirne. Sie sieht die abendliche Erde „in der Flut des Äthers“ dahintreiben und klagt, dass niemand „aus dem Strom sie ziehen und sie begraben“ will. Doch trotz der Parallelität bleiben zwischen den beiden Passagen charakteristische Unterschiede: Wo bei Danton der irreale Wunsch steht („Doch hätte ich anders sterben mögen"), da macht Julie eine schlichte, ihr Schicksal akzeptierende Aussage („Es ist so hübsch Abschied [zu] nehmen"); während Danton bei dem „großen Jammer" endet, konstatiert Julie einfach: „Ich gehe leise". Was Danton sich vergeblich wünscht, nämlich „so ganz mühelos" zu sterben, das scheint seiner Frau zu gelingen.

Die „Mühelosigkeit" von Julies Sterben

Auch ist Julie ausgeglichener als Danton und bleibt sich selbst gleich. Danton entscheidet sich am Ende der Szene tiefsten Betroffenseins (IV,3) plötzlich für die leichtfertige „Pucelle". Solche Stimmungsumbrüche sind Julie fremd. Sie ist in allen ihren Szenen dieselbe ernsthafte, gefasste, zurückhaltende Person. So lernt man sie in der Eingangsszene kennen, wo Danton ihr gegenüber das Thema von der Unmöglichkeit zwischenmenschlicher Kommunikation darlegt und die befremdliche Liebeserklärung macht: „Ich liebe dich wie das Grab" – ein Ausspruch, den man aufs erste Hören vielleicht missverstehen wird, der vom Fortgang her aber doch wohl als echte Liebeserklärung zu interpretieren ist, als die Gewissheit von Ruhe und Geborgenheit, soweit diese für Menschen überhaupt erreichbar sind. Es ist deshalb Julie, die Danton in der nächtlichen Szene II,5, als die Erinnerung an die Septembermorde ihn hetzt, Halt und Sicherheit zu geben vermag, freilich wiederum nur, soweit das überhaupt für Menschen möglich ist. Doch bis zu einem gewissen Grad ist es offenbar möglich, und insofern widerlegt Dantons Beziehung zu Julie – teilweise – seine theoretische Position von der Unmöglichkeit zwischenmenschlicher Kommunikation.

Ausgeglichenheit Julies im Unterschied zu Danton

Julie als Halt für Danton

Zur Thematik von *Dantons Tod*

Die mannigfaltigen Themen, die in *Dantons Tod* gestaltet sind, lassen sich zu zwei großen Komplexen zusammenfassen: Das sind einerseits die Revolution, ihre Darstellung und Analyse, und damit verbunden das Verständnis geschichtlichen Geschehens überhaupt: der politisch-historische Problembereich also. Und andererseits die philosophisch-existenzielle Problematik: das Unglaubwürdig-Werden einer sinngebenden idealistischen Philosophie, die Erfahrung des Nihilismus und die persönliche Betroffenheit durch diese weltanschauliche Krise, die den Einzelnen bis zur Handlungsunfähigkeit erschüttern und lähmen kann. Freilich lassen sich die beiden Themenbereiche nicht eindeutig trennen, da die verschiedenen Probleme in vielfältigen Beziehungen zueinander stehen. Die Erfahrung der Sinnlosigkeit der Welt, beispielsweise, ist aufs Engste verknüpft mit dem Erleben und der Deutung des Verlaufs der Revolution.

Die politisch-historische Problematik

Die philosophisch-existenzielle Problematik

Büchners Darstellung der Revolution

KURZINFO

- Ziel der Dantonisten: Anhalten der Revolution, die aber eine unkontrollierbare Eigendynamik bekommen hat.
- Wesentliche Triebkraft der Revolution ist die elende soziale Lage des einfachen Volkes, das aber durchaus auch kritisch dargestellt wird.
- Danton und seine Anhänger werden durch ihren aristokratenhaften Lebensstil belastet.
- Robespierre wird belastet durch seine starre Tugendideologie und den nicht legitimierten Erlösungsanspruch.

Büchners Problemstellung durch die Wahl des Handlungs-Zeitpunkts

Bemerkenswerterweise zeigt Büchner die Revolution nicht in der Phase selbstgewissen Aufbruchs, sondern vielmehr in dem Moment, als auch revolutionäre Aktivisten wie die Danton-Anhänger das Fortschreiten des revolutionären Prozesses anhalten möchten. Der Augenblick des Fragwürdig-Werdens erscheint ihm der geeignete Zeitpunkt, um die Revolution auf ihre Triebkräfte und ihren Sinn zu untersuchen.

Absicht der Dantonisten: Anhalten, aber kein Annullieren der Revolution

Die Dantonisten wollen mit dem Reformprogramm, das sie gleich in der ersten Szene formulieren (Reorganisation statt Revolution, Begnadigung der wegen politischer Meinungsverschiedenheiten aus dem Konvent Ausgeschlossenen usw.), keineswegs die Revolution umkehren oder rückgängig machen; nirgends im Stück gibt es vonseiten der Danton-Fraktion eine Stellungnahme gegen die Revolution. Und Danton selbst bekennt sich in den Verhören eindeutig zu seinen Taten als Vorkämpfer der Revolution. Die Forderungen der Dantonisten zielen nur auf die Abwendung von Robespierres Politik des Terrors und auf die Rückkehr zu den am Anfang der Revolution verkündeten Menschen- und Bürgerrechten. Danton und seine Freunde stehen also zu den bisher erfolgten Umwälzungen, auch zu den dabei geschehenen Bluttaten; nur glauben sie nicht an Sinn und Berechtigung einer Weiterführung der Revolution und machen deshalb Front gegen eine Politik, bei der die Revolution zum Selbstzweck und damit zu unverantwortlichem Morden zu werden droht. Der Untergang der Danton-Fraktion zeigt jedoch, dass sich der revolutionäre Prozess auch von denen, die ihn in Gang gesetzt haben, nicht mehr stoppen oder auch nur kontrollieren lässt. Danton erfährt in seiner nächtlichen Vision II,5, dass er nicht als stolzer Reiter das Ross der Geschichte bändigt, sondern dass er von den Umständen und Ereignissen hilflos über den Abgrund geschleift wird.

Unkontrollierbarkeit des revolutionären Prozesses

Zu den Verhältnissen, die stärker sind als das politische Wollen des Einzelnen, gehört ganz wesentlich die soziale Lage. Das Volk befindet sich in größtem Elend und scheint entschlossen, sich daraus gewaltsam auf Kosten der Besitzenden zu befreien, auch auf Kosten der Revolutionsgewinnler, z. B. der Dantonisten. Dieses Motiv der äußersten materiellen Not und des daraus resultierenden Radikalismus wird in der Volksszene I,2 breit eingeführt und zieht sich dann durch das gesamte Stück. Immer wieder ertönen der Schrei nach Brot und das Jammern der hungernden Kinder. Trotzdem wird das Elend der Armen von Büchner nirgends zum *eigenständigen* Thema gemacht; *Dantons Tod* ist nicht, wie das wenig später begonnene Stück *Woyzeck*, ein *soziales* Drama, sondern ein *Geschichts*drama. Die soziale Lage bleibt immer nur ein Element des politischen Geschehens, das zum Untergang der Danton-Fraktion führt. Auch die Szene I,2 etwa ist nicht um des Volkes willen da, sondern expo-

Das soziale Elend als eine Triebkraft des revolutionären Prozesses

niert Robespierres demagogisches Werben um die Massen und die Voraussetzungen für seinen Erfolg.

Sympathien Büchners für den Radikalismus des Volkes

Übrigens fällt die Charakterisierung des Volkes merkwürdig wenig eindeutig aus. Wohl leiht Büchner den Plebejern eigene Gedanken und Formulierungen, mit denen er zu den Zuständen seiner Zeit Stellung nimmt. Die krasse Darstellung des Elends zeigt Anklänge an Passagen aus dem *Hessischen Landboten*; eine Formulierung wie „Ich bete jeden Abend zum Hanf und zu den Laternen“ (in einem Brief vom 9. 12. 1833) erinnert an die Radikalität der Lynchszene. Ein Brief an Gutzkow 1836 schlägt mit seiner Stellungnahme für das Volk, gegen die Abgelebtheit der Leute vom Schlage der Dantonisten fast den Ton Robespierres an:

> „Ich glaube, man muß […] die Bildung eines neuen geistigen Lebens im *Volk* suchen und die abgelebte moderne Gesellschaft zum Teufel gehen lassen. Zu was soll ein Ding, wie diese, zwischen Himmel und Erde herumlaufen? Das ganze Leben derselben besteht nur in Versuchen, sich die *entsetzlichste Langeweile zu vertreiben*. Sie mag aussterben, das ist das einzig Neue, was sie noch erleben kann.“
> (Zit. nach: „Büchner-Texte“, in: Georg Büchner, Werke und Briefe. Münchner Ausgabe, hrsg. von Karl Pörnbacher u. a., München: Hanser Verlag 1988, S. 93)

Jedoch erliegt Büchner keineswegs der Versuchung, die plebejischen Massen zu idealisieren. Immer wieder spielt die Darstellung der einfachen Leute aus dem Mitleiderregenden ins derb, oft unangemessen Komische hinüber (durch Simon, die Bürgersoldaten, die Fuhrleute), so dass der Zuschauer an sympathisierender Anteilnahme gehindert wird. Und in seinen politischen Willenskundgebungen und Aktionen erscheint das Volk unsicher, unkritisch, schwankend und unzuverlässig, z. B. in I,2 und III,10 (es sei „noch zu weit davon entfernt […], als ‚Klasse für sich‘ zu sich selbst gekommen zu sein“, heißt es in sozialistischer Formulierung bei Poschmann, 1983, S. 105). In *Dantons Tod* geht es Büchner nicht um eine Parteinahme für die Ausgebeuteten, sondern um die Analyse der Gründe für das Scheitern der dantonistischen Reformer und der Revolution insgesamt.

So wenig Büchner das Volk idealisiert, so kritisch ist er auch in der Darstellung der Gegenspieler Robespierre und Danton. Letzterer und seine Freunde werden belastet durch ihren privilegiert-aristokratenhaften Lebensstil. Nicht nur Robespierre beschuldigt sie, „mit allen Lastern und allem Luxus der ehemaligen Höflinge Parade [zu] machen“ (I,3), sondern so werden sie auch von Büchner gezeigt, und so stellen sie sich in gelegentlichen Äußerungen auch selbst dar (etwa Lacroix in I,5). *Robespierre*, andererseits, wird kritisiert durch die Herausarbeitung seiner ins Unmenschliche gehenden ideologischen Fixiertheit. Ganz sicher ist er nicht der Politiker, der im Unterschied zu den Dantonisten dem Volk einen Ausweg aus seinem Elend zu zeigen wüsste. Das (in manchen Interpretationen beschworene) soziale Programm von Büchners Robespierre besteht nur aus dem einen Satz am Anfang des Streitgesprächs mit Danton, I,6: „Die soziale Revolution ist noch nicht fertig […].“ Wie diese soziale Revolution vonstatten gehen könnte oder was man auch nur unter dem Begriff zu verstehen hat (da Robespierre es doch den Hébertisten als Schuld anrechnet, dass sie „dem Eigentum den Krieg erklärt“ hätten, I,3) – das wird nirgends auch nur andeutungsweise ausgeführt. Robespierre verdreht vielmehr noch innerhalb des Gesprächsbeitrags, der mit der ‚sozialen Revolution‘ beginnt, diesen Ansatz so, dass er auf sein eigentliches Thema kommen kann: „Das Laster muss bestraft werden.“ Nicht die Beseitigung der Armut, sondern die Beseitigung des „Lasters“ ist das, was er im Auge hat. Man kann diese Akzentverschiebung vom sozialen zum moralischen Engagement durch alle Äußerungen Robespierres verfolgen. Konkreter sozialpolitisch formuliert er nur dann, wenn sich daraus ein Angriff gegen Danton machen lässt; so am Schluss der Jakobinerklub-Rede I,3:

Belastung der Dantonisten durch ihren aristokratenhaften Lebensstil

Belastung Robespierres durch ideologische Starrheit

Robespierre bekämpft nicht die Armut, sondern das Laster

> „Keinen Vertrag, keinen Waffenstillstand mit den Menschen, welche nur auf Ausplünderung des Volkes bedacht waren, welche diese Ausplünderung ungestraft zu vollbringen hofften, für welche die Republik eine Spekulation und die Revolution ein Handwerk war.“

Es wird Robespierre wohl zuzugestehen sein, dass für ihn Laster und Ausbeutung, moralische und soziale Verfehlung dasselbe bedeuten; aber das bleibt bloße Ideologie, d.h. seine persönliche Philosophie, der er mit blutigem Terror zur Allgemeingültigkeit verhelfen will.

Unbedingter Erlösungsanspruch Robespierres

Wenn Robespierre und Saint-Just von einem unbedingten Erlösungswillen beseelt sind (Robespierre lässt sich als Messias preisen und empfindet sich auch selbst so, I,6; Saint-Just fühlt sich als *„Arm des Weltgeistes“*, II,7), so erheben sie einen Anspruch, für den sie die Rechtfertigung schuldig bleiben und schuldig bleiben müssen. Mit Recht kann Danton in dem Streitgespräch I,6 Robespierre vorhalten, dass auch er in Wirklichkeit nur ein Epikureer sei: insofern nämlich der moralische Rigorismus seiner Natur gemäß sei, also das sei, „was ihm wohl tu[e]“, keineswegs jedoch durch eine absolut gültige Idee legitimiert werde.

Fehlen einer Legitimation

Problematik der subjektiven Ehrlichkeit

Dabei mag Robespierre subjektiv durchaus ehrlich von der Gültigkeit seines Absolutheitsanspruchs überzeugt sein. Allerdings erscheint seine moralische Integrität nicht ungetrübt, denn man erlebt ihn (und mehr noch Saint-Just) immer wieder auch als geschickten und rücksichtslosen Techniker der Macht, der durch eine phrasenhafte, aber offenbar dem Zeitgeist entsprechende Rhetorik die wichtigen politischen Gruppen skrupellos und mit Erfolg für sich, und das heißt auch für den Ausbau seiner Machtstellung zu gewinnen versucht.

Zusammenfassung: Büchners Bild von der Revolution

Das Bild, das *Dantons Tod* von der Epoche der Revolution entwirft, zeigt also einerseits persönliche Beschränktheiten: das auf eine überholte Philosophie gegründete, bornierte, aber zumindest im Augenblick wirkungsvolle Sendungsbewusstsein Robespierres; den unsozialen Lebensstil Dantons, mag er nun tatsächlich an die Tradition des Ancien Régime anknüpfen oder vielmehr Ausdruck seiner philosophisch-existenziellen Haltlosigkeit sein (vgl. S. 81ff.). Andererseits existieren objektive Gegebenheiten wie die Armut des Volkes, die im Zusammenwirken mit den individuellen Eigenarten der Beteiligten eine Eigendynamik des Geschehens auslösen, die nicht mehr aufhaltbar oder steuerbar ist.

Die Problematik des „Fatalismus der Geschichte“

KURZINFO

- Grund für Dantons Passivität ist die Überzeugung von der Unvermeidbarkeit des Scheiterns.
- Die Vorstellung von einer Eigendynamik des geschichtlichen Prozesses (Fatalismus) führt zu dem Bewusstsein, von der Geschichte überholt zu sein.
- Bewusstsein subjektiver Schuld trotz objektiver Notwendigkeit („Fluch des Muss“, Bild der Marionette).

Dantons Passivität aufgrund der Überzeugung von der Unvermeidbarkeit des Scheiterns

Im Gegensatz zu dem selbstgewissen Aktivismus Robespierres und seiner Freunde erscheint Danton von Dramenbeginn an passiv, weder auf Machterweiterung noch auch nur auf Machterhaltung bedacht, geradezu uninteressiert: „Sie reiben mich mit ihrer Politik noch auf“ (Schluss von I,1). Was ihn in solcher Weise lähmt, ist die Überzeugung von der Unvermeidbarkeit des Scheiterns. So prophezeit er seinen Freunden im gleichen Zusammenhang: „Die Statue der Freiheit ist noch nicht gegossen, wir alle können uns noch die Finger dabei verbrennen“; später gegenüber Lacroix gebraucht er die berühmte Formulierung: „Die Revolution ist wie Saturn, sie frisst ihre eignen Kinder“ (I,5); und in II,1 setzt er seinen Freunden die Aussichtslosigkeit eines Vorgehens gegen Robespierre auseinander: „Robespierre ist das Dogma der Revolution, es darf nicht ausgestrichen werden. Es ginge auch nicht. Wir haben nicht die Revolution, sondern die Revolution hat uns gemacht.“ Gemeinsam ist diesen Äußerungen die Vorstellung von einer Eigendynamik des geschichtlichen Prozesses, die sich über den Einzelnen, seine Aktionen und Entscheidungen, einfach hinwegsetzt. Man könnte ja vermuten, dass Danton sich und seine Freunde – etwa Camille, den Initiator des Sturms auf die Bastille – *als Väter* der Revolution verstünde, als diejenigen, die die Revolution *gemacht haben*; doch er sieht die Verhältnisse umgekehrt, sieht in den Vorkämpfern und Lenkern der Revolution nur ausführende Organe eines überindividuellen Geschehens. Diese Vorstellung von einem „Fatalismus der Geschichte“ (vgl. zu diesem Begriff aus einem Brief Büchners S. 105 ff.) lähmt Danton, und zwar zunächst einmal, weil er erkennt, dass der Geschichtsprozess

Fatalismus: Die Vorstellung von einer Eigendynamik des geschichtlichen Prozesses

Dantons Bewusstsein, von der Geschichte überholt zu sein

über ihn hinweggegangen ist. Das Dogma der Revolution ist jetzt Robespierre (II,1), er selbst ist nur noch ein toter Heiliger, eine Reliquie, die man auf die Gasse wirft (II,1) oder bestenfalls im Arsenal aufhebt (I,5). Also bleibt ihm nur die Resignation.

Die moralische Dimension der Fatalismus-Vorstellung

Doch das Problem hat noch eine weitere Dimension. Die Schlüsselszene für das Bewusstsein der Abhängigkeit von „unbekannten Gewalten" ist II,5. Diese Szene zeigt Dantons selbstquälerisches Nachdenken über die Schuld, die er durch die Septembermorde auf sich geladen hat. Er arbeitet sich zu der Gewissheit durch, dass diese Morde zwar *objektiv* (von der militärisch-politischen Lage her gesehen) eine Notwendigkeit waren;

Subjektive Schuld trotz objektiver Notwendigkeit

doch kommt er nicht darüber hinweg, dass er sie *subjektiv* (vor seinem Gewissen) nicht verantworten kann. Es bleibt ihm also als unaufgelöstes und unauflösbares Dilemma der „Fluch des Muss", d.h. die Schuld, die man auf sich lädt, indem man das Notwendige, vom Gang der Geschichte Geforderte tut. Er empfindet das als Fehler in der Konstruktion der Welt, angesichts dessen ihm nur übrig bleibt, sich als Person (die schuldig werden kann) aufzugeben und sich auf eine (schuldunfähige)

Das Bild der Marionette

Marionette zu reduzieren: „Puppen sind wir, von unbekannten Gewalten am Draht gezogen; nichts, nichts wir selbst!" Dieser Verzicht auf Individualität und Willensfreiheit enthebt den Menschen der Verantwortung (am Schluss der Szene erklärt Danton, „ruhig" zu sein); aber der Verlust der Entscheidungsfreiheit und damit der Menschenwürde lähmt offenbar auch die Handlungsfähigkeit bzw. den Handlungswillen.

Zusammenfassung: Dantons Probleme

Dantons Resignation – diese Passivität, die an dem ehemaligen Vorkämpfer der Revolution so stark befremdet – hat also mehrere Gründe: Erstens die konkrete politische Einsicht in die Aussichtslosigkeit der Lage, in die seine Fraktion geraten ist; zweitens das existenzielle Bewusstsein der grundsätzlichen Nichtigkeit und Ohnmacht des Menschen in der Welt; und drittens die moralische Qual des unwillentlich schuldig Gewordenen.

Dantons Passivität als Protest gegen die Notwendigkeit?

Man kann Dantons Passivität, den Entschluss, „lieber guillotiniert [zu] werden als guillotinieren [zu] lassen" (II,1), auch als Protest gegen die Notwendigkeit und als Bekenntnis zu einer freien sittlichen Entscheidung verstehen. Denn konkret aussichtslos ist die Lage Dantons ja nur dadurch, dass er gar nicht erst den Versuch macht, Robespierre etwa an Radikalität zu überholen, sondern dass er zu seiner Überzeugung steht: „Ich habe es satt, wozu sollen wir Menschen miteinander kämpfen? Wir sollten uns nebeneinander setzen und Ruhe haben" (II,1).

Das Problem des menschlichen Leidens: Sinnleere des Lebens, Langeweile und Lebensüberdruss

KURZINFO

- Grund für Dantons Passivität ist die Überzeugung von der Unvermeidbarkeit des Scheiterns.
- Die Vorstellung von einer Eigendynamik des geschichtlichen Prozesses (Fatalismus) führt zu dem Bewusstsein, von der Geschichte überholt zu sein.
- Bewusstsein subjektiver Schuld trotz objektiver Notwendigkeit („Fluch des Muss", Bild der Marionette).

Das menschliche Leiden als „Fels des Atheismus"

Der Protest gegen eine fehlerhafte Schöpfung verweist auf den Themenkomplex, der in Akt III und IV in den Vordergrund rückt und in dessen Zentrum das Problem des menschlichen Leidens steht. Dieser Themenkomplex wird am Anfang des Gefängnisteils, in III,1, ausführlich und programmatisch exponiert. Das Philosophengespräch, das zunächst die Fragen nach der Existenz oder Nicht-Existenz Gottes, nach dem göttlichen oder nicht-göttlichen Ursprung der Welt in immer neuen Gedankengängen umkreist (die allerdings von heute aus betrachtet eher wie dialektische Spielereien erscheinen), zielt wohl von Anfang an auf das (auch heute noch) betroffen machende Bekenntnis Paynes, aus Protest gegen den mangelhaften Zustand der Welt die Existenz Gottes nicht akzeptieren zu wollen:

> „Man kann das Böse leugnen, aber nicht den Schmerz; nur der Verstand kann Gott beweisen, das Gefühl empört sich dagegen. Merke dir es […]: warum leide ich? Das ist der Fels des Atheismus. Das leiseste Zucken des Schmerzes, und rege es sich nur in einem Atom, macht einen Riss in der Schöpfung von oben bis unten."

Leiden und Tod als Leitmotiv des Stücks

Von hier ab zieht sich das Thema des Leidens, das einen „Riss in der Schöpfung" macht, bis zum Ende des Dramas. Es beginnt mit der Einlieferung der Dantonisten und ihrer Begegnung mit dem Leiden in den Gefängnissen – dem Leiden, das durch ihre revolutionären Phrasen hervorgerufen ist (III,1 und III,3). Es setzt sich fort in den Szenen, die das Grauen Dantons und seiner Freunde, besonders Camilles, angesichts des Todes gestalten – Grauen vor dem Sterben oder vor dem Bewusstsein, auch durch den Tod nicht das rettende Nichts erreichen zu können (III,7 – IV,3 – IV,5). Es findet seinen Höhepunkt in dem Protest gegen die Sinnlosigkeit des Leidens, den Danton, Hérault und Camille vor ihrer Abfahrt zur Hinrichtung herausschreien (IV,5). Auch das erschütternde Sich-Aufbäumen und Resignieren Luciles in der vorletzten Szene (IV,8) gehört noch in diese Linie:

> „Die Erde müsste eine Wunde bekommen von dem Streich. […] Nein! es darf nicht geschehen, nein – ich will mich auf den Boden setzen und schreien, dass erschrocken alles stehn bleibt […] Das hilft nichts […] Wir müssen's wohl leiden."

Sinnverlust der Welt

Eng verbunden mit dem Thema menschlichen Leidens ist das Thema des Sinnverlusts der Welt. So läuft die Auflehnung gegen das über den Menschen verhängte Schicksal sinnlosen Leidens in IV,5 hinaus auf Dantons Bekenntnis zum Nihilismus: „Die Welt ist das Chaos. Das Nichts ist der zu gebärende Weltgott."

Die Nihilismus-Szenen III,7 und IV,5

Neben IV,5 ist III,7 die Zentralszene für diesen Nihilismus. Hier wird die Welt als ein sinnlos wucherndes Krebsgeschwür erfahren: „Die Schöpfung hat sich so breit gemacht, da ist nichts leer, alles voll Gewimmels." Das einzig sinnvolle Streben des Menschen könnte es sein, diesem Chaos zu entkommen und in die Ruhe des Nichts einzugehen; doch das ist nicht möglich. Weder gibt es für den Einzelnen die Erlösung durch den Tod, denn nach Dantons materialistischer Überzeugung

Vergebliche Sehnsucht nach dem unerreichbaren Nichts

kann etwas nicht zu nichts werden, also auch die materielle Person nicht (und auch nicht deren Bewusstsein, das von Danton bzw. Büchner als Materie angesehen wird). Leben und Tod sind nur zwei verschieden organisierte Formen der „Fäulnis". Noch auch besteht für die

Trostlosigkeit der Situation des Menschen

Welt im Ganzen eine Hoffnung, aus dem sinnlos wuchernden Chaos herauszukommen: „Das Nichts hat sich ermordet, die Schöpfung ist seine Wunde, […] die Welt ist das Grab, worin es fault." Die Lage des Menschen, wie sie von Danton und seinen Freunden erfahren wird, ist also trostlos. Dem Leiden hilflos ausgesetzt, kann er sich an keiner sinngebenden Bestimmung orientieren, kann aber der Sinnlosigkeit des Seins andererseits auch nicht entkommen.

Dantons Lebensüberdruss als Folge dieser Situation

Das Bewusstsein solcher trostlosen Lage zermürbt Danton, und zwar nicht erst, als er in den Gefängnisszenen des III. und IV. Aktes sich mit dem unausweichlich herannahenden Tod auseinandersetzen muss. Schon vorher zeigen sich die Symptome dieser Zermürbung in der Langeweile, dem Lebensüberdruss, der für Danton so charakteristisch ist. Von diesem Lebensüberdruss geprägt erscheint er von Anfang an. Ausdrücklich thematisiert wird das Motiv in den ersten Szenen des II. Aktes: In II,1 demonstriert Danton beim Ankleiden die öde Langweiligkeit des Lebens an der sinnlos wiederkehrenden Gleichförmigkeit des Sich-Anziehens. In der Promenaden-Szene II,2 erklingt sein Hohngelächter über die Leute, die sich angesichts der Sinnleere in ihrem Tatendrang nicht lähmen lassen. Und in II,4 gipfelt diese Szenenfolge darin, dass Dantons Skepsis gegenüber jeder Art von zielstrebigem Handeln ihn veranlasst, den Fluchtversuch abzubrechen.

Zusammenhänge zwischen Fatalismus- und Nihilismus-Problematik

Der Zweifel am Sinn der Welt und allen menschlichen Handelns verbindet sich mit der Bestürzung über den „Fatalismus der Geschichte" zu Dantons Lähmung. Es sind nicht eigentlich zwei verschiedene Ursachen, sondern eher verschiedene Aspekte derselben Grunderfahrung. „Er will sich lieber guillotinieren lassen als eine Rede halten", charakterisiert Lacroix das, was er Dantons „Faulheit" nennt (II,1); „ich will lieber guillotiniert werden als guillotinieren lassen", sagt Danton selbst (II,1). Beide Aussagen treffen einen Teil der Wahrheit.

Das Bekenntnis zum Lebensgenuss und zur Sinnlichkeit – Die Aussichtslosigkeit epikureischer Lebenserfüllung

KURZINFO

- Ziel des liberalen Programms der Dantonisten ist der Epikureismus: diesseitige Lebenserfüllung für den Einzelnen.
- Robespierre und Saint-Just sehen in der Geschichte ein Ziel. Das Lebensglück des Einzelnen ist für sie unerheblich.
- Der Lebensstil der Dantonisten ist geprägt von Sinnenfreude und auch von Ausschweifung (Camilles Schönheitskonzept/zynische Sinnlichkeit des Lacroix).
- Zeichen für die Fragwürdigkeit des epikureischen Lebensstils in einer heillosen Welt ist die Quecksilber-Chiffre.
- Die Bewertung der Sinnlichkeit in der Marion-Szene bleibt zweideutig. Camilles Schönheitskonzept scheitert in den Gefängnisszenen. Es bleibt nur Resignation: Sich in einer Rolle einrichten statt genießen (Theater-Metapher).

Epikureismus der Dantonisten: Diesseitige Lebenserfüllung für den Einzelnen

Der Verlust des Glaubens an eine metaphysische Garantie, d.h. an eine ausgleichende Gerechtigkeit in einem wie auch immer gearteten Jenseits und an eine für die Lebensführung Normen setzende Instanz, führt bei den Dantonisten zu der philosophischen Haltung des materialistischen Epikureismus, also zum Bekenntnis zu Sinnlichkeit und Lebensgenuss. Wenn es keine jenseitige Kompensation für entgangenes Lebensglück gibt, wird jeder die größtmögliche Erfüllung für sich in diesem Leben anstreben. Wo kein allgemein gültiger Sinn mehr erkennbar ist, muss der Einzelne sich auf sich selbst zurückziehen, muss sich selbst „geltend machen und seine Natur durchsetzen" (I,1).

Gegenposition Robespierres: Glaube an ein Ziel der Geschichte

Das ist der philosophische Ansatz, der dem von den Danton-Freunden in I,1 verkündeten Liberalismus-Programm zugrunde liegt und auf dem Dantons Argumentation in dem Streitgespräch mit Robespierre (I,6) beruht. Von dieser philosophischen Grundposition her muss es unvermeidlich zu dem schärfsten Konflikt zwischen den Dantonisten und Robespierre kommen. Denn der und seine Freunde glauben ja an einen Sinn und ein Ziel der Geschichte (besonders grundsätzlich wird das von Saint-Just in seiner Konventsrede II,7 dargelegt, wo er sich als Gehilfen des „Weltgeists" versteht). Aus dieser Überzeugung ergibt sich für sie die Forderung, im

Sinne des „Weltgeists" und im Interesse der ganzen Menschheit zu handeln – unter Zurückstellung des eigenen, am Ganzen gemessen höchst irrelevanten Lebensglücks, das dagegen für die Epikureer richtungweisend im Vordergrund steht.

Unterschiedliche Denk-Formen Robespierres und Dantons

Der Gegensatz zwischen Robespierre und Danton betrifft übrigens nicht nur den Inhalt, sondern auch die Form ihres Denkens. Während Robespierre und Saint-Just sich in philosophischen Deduktionen objektiver Gesetzmäßigkeiten zu bemächtigen glauben, herrscht bei Danton das Subjektive vor – die existenzielle *Erfahrung* des Zustands der Welt, die dann nur in philosophische Termini gekleidet wird. Tatsächlich sind Dantons Nihilismus und Epikureismus keine echten philosophischen Überzeugungen, sondern mehr so etwas wie ein auf subjektiver Welterfahrung beruhender Lebensstil. Die Lebensweise Dantons und seiner Freunde ist durchgehend geprägt vom Stil des Epikureismus, von Lebensgenuss, Sinnlichkeit, auch Ausschweifung.

Epikureischer Lebensstil der Dantonisten

Am edelsten und auch am programmatischsten erscheint die epikureische Position in Camilles Schönheitskonzept, das er in I,1 als Ergänzung und zugleich Begründung der Forderung nach politischem Liberalismus vorträgt:

Camilles Schönheitskonzept

> „Die Staatsform muss ein durchsichtiges Gewand sein, das sich dicht an den Leib des Volkes schmiegt […] Die Gestalt mag nun schön oder hässlich sein, sie hat einmal das Recht zu sein wie sie ist […]."

Dieselbe Denkweise zeigt sich in Camilles kunsttheoretischem Glaubensbekenntnis (II,3), in der Ehrfurcht vor „der Schöpfung, die glühend, brausend und leuchtend, […] sich jeden Augenblick neu gebiert" und in der Forderung, dass alles Lebendige, ob schön oder hässlich, sich soll frei entfalten dürfen. Obwohl dies Postulat sich aus dem epikureisch-materialistischen Ansatz ergibt, spricht Camille inkonsequenterweise von einem „Schöpfer" und von „Gottes Geschöpfen".

Sinnlichkeit des Lacroix

Am vulgärsten und zynischsten erscheint die epikureische Sinnlichkeit in Passagen wie der Lacroix-Szene in I,5. Hier zeigt sich der dem Epikureismus zugeordnete Lebensstil Dantons und seiner Freunde besonders deutlich: das Schweifen durch die Spielsalons, Vergnügungsetablissements und Bordelle des Palais Royal (also das, was Robespierre I,6 den von der Aristokratie ererbten „Aussatz“ nennt, das Laster, das „zu gewissen Zeiten Hochverrat“ sei). Und hier wird auch die Fragwürdigkeit dieses Lebensstils angedeutet. Die im ganzen *Danton*-Drama stark akzentuierte Sexualität steht unter der Bedrohung der Syphilis, wie die immer wiederkehrende Quecksilber-Chiffre anzeigt. Lacroix liefert mit seinem Bonmot über den Unterschied zwischen antikem und modernem Adonis eine entlarvende Parodie zu Camilles sich auf die griechische Antike berufendem Schönheitskult.

Die Quecksilber-Chiffre: Fragwürdigkeit dieses Lebensstils

Mit der Chiffre von den „Quecksilberblüten“ wird auf den heillosen Zustand der Welt hingewiesen, der das epikureische Ideal bedroht. Denn schlecht ist es um den Lebensgenuss bestellt, wenn das Leben selbst sinnlos und chaotisch geworden ist. In einem einprägsamen Bild formuliert Lacroix in I,4 (der kleinen Szene, die der Marion- und Grisetten-Szene vorangeht) diese hoffnungslose Zerrissenheit der Welt, die dem Epikureismus wenig Erfüllungs-Chancen einräumt:

Unmöglichkeit des Lebensgenusses in einer sinnlosen Welt

> „Er [Danton] sucht eben die mediceische Venus stückweise bei allen Grisetten des Palais-Royal zusammen, er macht Mosaik, wie er sagt, der Himmel weiß, bei welchem Glied er gerade ist. Es ist ein Jammer, dass die Natur die Schönheit, wie Medea ihren Bruder, zerstückelt und sie so in Fragmenten in die Körper gesenkt hat.“

Die Bejahung der Sinnlichkeit ist also keine wirkliche Emanzipation, keine Befreiung, sondern hat etwas Zwanghaftes an sich, etwas von einer Vergnügungs-Sucht, die mit dem verzweifelten Suchen nach etwas für den Menschen Unerreichbarem zu tun hat.

Fragliche Bewertung der Sinnlichkeit in der Marion-Szene

Auch die für das Bekenntnis zur Sinnlichkeit zentrale Marion-Szene I,5 gibt keinen sicheren Beleg für die Möglichkeit einer Verwirklichung des epikureischen Ideals. Die Analyse der Szene hat offen lassen müssen, ob das Genuss-Streben Marions sein Ziel erreicht oder (nach Ansicht Büchners) auch nur erreichen kann. Die Bilder etwa von der „Glut“ und dem „Strom“ lassen die Sinnlichkeit in positivem Licht erscheinen. Vorherrschend ist aber eher die Darstellung einer konturenlosen Gleichförmigkeit und tristen Gleichgültigkeit, eines Dahingetriebenwerdens unter Verlust einer individuellen Persönlichkeit.

Scheitern von Camilles Schönheitskonzept

Auch Camille kann sein Schönheitskonzept angesichts des Todes – des eigenen Todes und des Schicksals, das er auf Lucile zukommen sieht – nicht durchhalten. Die Gefängnisszenen IV,3 und IV,5 (wo er in seiner Abschiedsrede das Leben als sinnloses Einerlei darstellt und damit seine früheren Glaubensbekenntnisse widerruft) zeigen seinen Zusammenbruch.

Resignation: sich in einer Rolle einrichten statt genießen

Tatsächlich bleibt also den Danton-Freunden wirklicher Lebensgenuss verwehrt. Diese Epikureer müssen sich damit begnügen, sich einzurichten, „sich ein ganz behagliches Selbstgefühl" zurechtzumachen (wie Danton in IV,5 formuliert), ihre ‚*Rolle*' so akzeptabel wie möglich zu Ende zu bringen. Die Theater-Metapher verwendet Danton in II,1 und der Unterschied zwischen einem so in seine Rolle gezwungenen Schauspieler und der Marionette, als die sich Danton in der Fatalismus-Szene II,5 versteht, ist offenbar nicht mehr groß.

Menschliche Isolation und mitmenschliche Solidarität

KURZINFO

- Danton hat das quälende Gefühl, dass zwischenmenschliche Kommunikation unmöglich ist. Er lehnt sich verzweifelt gegen diese Isolation auf.
- In der Praxis jedoch gibt es bei den Dantonisten Solidarität und Freundschaft. Bewährung menschlicher Bindung in einer sinnlosen Welt zeigen Julie und Lucile und die Dantonisten in den Gefängnisszenen.

Dantons Gefühl der Kommunikationslosigkeit

Zu dem Erlebnis der Hoffnungslosigkeit der menschlichen Lage gehört es ganz wesentlich, dass Danton sich als isoliertes Einzelwesen erfährt, ohne Zugang zu einem Nächsten und ohne die Möglichkeit gelingender zwischenmenschlicher Kommunikation. Das Thema wird von ihm gleich in I,1 sozusagen programmatisch eingeführt:

> „Wir wissen wenig voneinander. Wir sind Dickhäuter, wir strecken die Hände nacheinander aus, aber es ist vergebliche Mühe, wir reiben nur das grobe Leder aneinander ab, – wir sind sehr einsam […] *(er deutet ihr [Julie] auf Stirn und Augen)* Da da, was liegt hinter dem? Geh, wir haben grobe Sinne. Einander kennen? Wir müssten uns die Schädeldecken aufbrechen und die Gedanken einander aus den Hirnfasern zerren."

Verzweifelte Auflehnung gegen die Isolation

In der Gewalttätigkeit der Vorstellung vom Aufbrechen der Schädel spiegelt sich das verzweifelte, aber aussichtslose Begehren, über die menschliche Unzulänglichkeit hinauszukommen. Es ist dieselbe Unvollkommenheit, die Danton klagen lässt, dass er Marions „Schönheit nicht ganz in sich fassen" kann (I,5), und die ihn treibt, ein Surrogat für die versagte Schönheit „stückweise bei allen Grisetten" zusammenzusuchen (I,4); gelegentlich deutet er sogar die revolutionäre Lust am Guillotinieren um zu einer gewalttätigen Sinnsuche (II,1):

> „Es wurde ein Fehler gemacht, wie wir geschaffen worden, es fehlt uns etwas, ich habe keinen Namen dafür, wir werden es uns einander nicht aus den Eingeweiden herauswühlen, was sollen wir uns drum die Leiber aufbrechen? Geht, wir sind elende Alchimisten."

Widerspruch zwischen Theorie und Praxis

In deutlichem Gegensatz zu den theoretischen Äußerungen, die die Isolation des Einzelnen betonen, steht die Darstellung der Dantonisten, die immer wieder andeutet, dass es im praktischen Leben doch so etwas wie Gemeinschaft, Kommunikation und Bindungen zwischen den Menschen gibt. Danton befindet sich in fast allen Szenen unter Freunden, in menschlichem Kontakt, und das in scharfem Kontrast zu Robespierre, der stets als Einzelner einer von ihm getrennten Masse gegenüber- oder entgegentritt. Man kann zwar gegen Dantons Freunde Vorbehalte haben; dennoch gewinnen sie durch ihre Zuwendung zueinander und zu Danton sowohl Kontur als auch menschliche Statur, und zwar gegen Ende des Dramas deutlich zunehmend.

Solidarität der Dantonisten in ihrem Verhalten

Mitmenschlichkeit im Verhalten Héraults und Dantons

Ganz besonders wird Hérault als Person immer eindrucksvoller; etwa wenn er in IV,5 Dantons Ansatz von Pathos als Phrasen für die Nachwelt entlarvt, ohne doch Danton verletzend zu nahe zu treten; oder wenn er am Ende der Szene den Arm Camilles (des in dieser Szene Schwächsten) nimmt: „Freue dich, Camille, wir bekommen eine schöne Nacht […]." Und der Beziehung zu Hérault gelten die letzten Worte Dantons, die er vor der Hinrichtung dem Henker zuruft: „Kannst du verhindern, dass unsere Köpfe sich auf dem Boden des Korbes küssen?" Dieselbe Menschlichkeit und Mitmenschlichkeit zeigt Danton vor allem auch gegenüber Camille: Dahin gehören in IV,3 sein Zureden, als Camille aus Sorge um Lucile zu verzweifeln droht, und seine beruhigende Reaktion auf Camilles Alptraum; in IV,7 sein Zuspruch beim Besteigen des Schafotts.

Echte Beziehung zwischen Danton und Julie

Besonders ausgeprägt erscheint diese Zuwendung in dem Verhältnis zwischen Danton und Julie, bei dem die menschliche Bindung so weit trägt, dass Julie mit Danton in den Tod geht. Vonseiten Dantons zeigen eigentlich nur zwei relativ kurze Bemerkungen in III,7 und in IV,3 dies Verhältnis an. Sie sind jedoch dadurch hervorgehoben, dass sie in zentralen nihilistischen Szenen einen diesen Nihilismus relativierenden Trost aufscheinen lassen. Und auch die Poesie dieser Sätze, die sich weit von der sonst in Dantons Kreis üblichen Ironie entfernt, zeigt, welche Bedeutung Julies Treue für Danton hat.

Die Liebe zwischen Camille und Lucile

Möglichkeit einer Solidarität der Menschen gegenüber dem Schicksal

Neben der Beziehung zwischen Danton und Julie steht – weicher, ergreifender, auch weniger wortkarg gestaltet – die zwischen Camille und Lucile, die verstärkend dasselbe Thema variiert. Es gibt nicht nur den trostlosen Untergang, sondern auch die Bewährung einer menschlichen Bindung, der freilich kein irdisches Glück beschieden ist, die aber demonstriert, dass es gegenüber dem sinnlosen Schicksal so etwas wie Solidarität der gequälten Menschen gibt.

Die dramatische Bauform

Büchners anti-idealistische Kunsttheorie

In einem Brief an die Familie über *Dantons Tod* vom 28. Juli 1835 formuliert Büchner in scharfer Abgrenzung gegen jede idealistische Stilisierung seine realistische Kunsttheorie:

> „Wenn man mir übrigens noch sagen wollte, der Dichter müsse die Welt nicht zeigen wie sie ist, sondern wie sie sein solle, so antworte ich, daß ich es nicht besser machen will als der liebe Gott, der die Welt gewiß gemacht hat, wie sie sein soll. Was noch die sogenannten Idealdichter anbetrifft, so finde ich, daß sie fast nichts als Marionetten mit himmelblauen Nasen und affectirtem Pathos, aber nicht Menschen von Fleisch und Blut gegeben haben, deren Leid und Freude mich mitempfinden macht und deren Tun und Handeln mir Abscheu oder Bewunderung einflößt. Mit einem Wort, ich halte viel auf Goethe oder Shakespeare, aber sehr wenig auf Schiller." (Zit. nach: „Büchner-Texte", in: Georg Büchner, Werke und Briefe. Münchner Ausgabe, hrsg. von Karl Pörnbacher u. a., München: Hanser Verlag 1988, S. 101)

Das sind dieselben Gedanken, die in II,3 Camille geäußert hat. Ein drittes Mal lässt Büchner sie in der Erzählung *Lenz* durch den Sturm-und-Drang-Dichter Lenz vortragen:

„Leben, Möglichkeit des Daseins"

> „Ich verlange in allem Leben, Möglichkeit des Daseins, und dann ist's gut; wir haben dann nicht zu fragen, ob es schön, ob es hässlich ist; das Gefühl, dass was geschaffen sei, Leben habe, stehe über diesen beiden und sei das einzige Kriterium in Kunstsachen." (zit. nach: „Büchner-Texte", in: Georg Büchner, Werke und Briefe. Münchner Ausgabe, hrsg. von Karl Pörnbacher u. a., München: Hanser Verlag 1988, S. 98)

Bei dieser theoretischen Position ist es selbstverständlich, dass Büchner sich nicht der Stilisierung der klassizistischen Dramenform unterwirft (er schreibt nicht in Versen, er hält sich nicht an das 5-Akte-Schema), sondern dass er auch durch die dramatische Bauform seinem Stück Leben und Möglichkeit der Entfaltung sichert. Das heißt, *Dantons Tod* gehört nicht zur *geschlossenen*, sondern zur *offenen Form des Dramas* (wie die Dramen des Sturm und Drang, z. B. die von Jakob Michael Reinhold Lenz, dem Helden von Büchners Erzählung).

Dantons Tod als Drama der offenen Form

	Geschlossene Dramenform	Offene Dramenform
Gesamt-struktur:	– Ausschnitt als Ganzes – Geistige Totalität, in einem repräsentativen, in sich „geschlossenen" Ausschnitt dargestellt	– Das Ganze in Ausschnitten – Empirische Vielfalt, nur in „offen" bleibenden, unabgeschlossenen Fragmenten darstellbar
Kompo-sitions-prinzipien:	– Ganzheit, Einheit, Kontinuität – Unselbstständigkeit und Unverwechselbarkeit der Teile – Einheitliches ist strukturiert – Schlüssige Handlungsführung – Vorrang der Handlungsentwicklung – Ausgewogenheit von Spiel und Gegenspiel – Der Akt als Formeinheit – Einheit von Zeit, Raum, Handlung	– Vielfalt, Pluralität, Widersprüche – Selbstständigkeit der Teile – Gleichwertiges wird gereiht – Handlungsführung unabgeschlossen – Vorrang der Situationsdarstellung – Gegenspieler des Helden ist keine Einzelperson, sondern die Welt in der Fülle ihrer Erscheinungen – Die Szene / der Szenenteil als Formeinheit – Vielfalt von Zeit, Raum, Handlung
Zeit:	– Einheit und Kürze der Zeit – Kontinuierlicher Zeitfluss – Einordnung des Augenblicks in das organische Zeitganze	– Weite zeitliche Erstreckung – Keine zeitliche Kontinuität – Übermacht des einzelnen Augenblicks
Raum:	– Einheit und Geschlossenheit des Raums – Typisierender Raum, atmosphärisch neutral	– Mannigfaltigkeit des Raumganzen ‚Welt' – Charakterisierender Raum, aktiv mitwirkend, handlungsrelevant
Personen:	– Geringe Personenzahl – Hoher Stand der Personen – Unabhängigkeit von Umwelt- und Milieubindungen	– Große Personenzahl – Vertreter verschiedener Stände – Abhängigkeit von Umweltbedingungen

	Geschlossene Dramenform	Offene Dramenform
Sprache:	- Einheitlich hoher Stil; keine Stilmischung, keine Idiomatik - Klare Bewusstheit, Überschau, Abstraktion, logische Gedankenführung - Überschau - Hypotaktischer Satzbau (Fügung) - Allgemein gültige Sentenzen - Vers	- Verschiedene Sprachschichten; Mischung; Umgangssprachliches - Geringe Bewusstheit, Spontaneität, Augenblicksverhaftung, sinnliche Anschaulichkeit und Konkretheit der einzelnen Eindrücke - Augenblicksverhaftung - Parataktischer Satzbau (Reihung) - Volkslied [Märchen; Bibel] - Prosa

Die Tabelle fasst die grundsätzlichen Unterschiede zwischen den beiden Dramentypen zusammen, wie sie Volker Klotz in seiner Untersuchung *Geschlossene und offene Form im Drama* (München 1960) herausgearbeitet hat.

Mannigfaltigkeit charakterisierender Orte

Behandlung des Raums in *Dantons Tod*

Eindeutig nach Art des offenen Dramas behandelt Büchner im *Danton*-Drama den Raum. Es gibt keine Einheit des Ortes; vielmehr geht es darum, schon durch den raschen Wechsel der verschiedenartigsten Schauplätze die ganze Vielfalt des Revolutions-Szenarios vorzuführen: Jakobinerklub, Konvent, Revolutionstribunal; Spielzimmer und Palais Royal; Gasse der Plebejer und Promenade der Bürger; Privaträume bei Robespierre, Danton, Camille; die Gefängnisse – das sind keine beliebigen Schauplätze, sondern handlungsrelevante, ‚mitspielende' Orte.

Personenvielfalt

Dieselbe Absicht, die unübersichtliche Vielfalt des Lebens in einer chaotischen Umbruchzeit darzustellen, zeigt sich auch in der großen Personenzahl: 27 Einzelpersonen werden im Personenverzeichnis genannt. (Schiller hat in den *Piccolomini* 19, in *Wallensteins Tod* 23 Personen; streng gebaute klassische Dramen wie Goethes *Iphigenie und Tasso* haben nur 5.) Allerdings tritt die soziale Schichtung bei weitem nicht so stark hervor wie die Unterschiede in der Weltanschauung. Außer Simon und seiner Frau gehören die einzeln genannten Personen alle mehr oder weniger zu derselben Schicht der revolutionstragenden bürgerlichen Intelligenz.

Die Zeitstruktur

Die Zeit der Dramenhandlung erstreckt sich von der Hinrichtung der Hébertisten am 24. März 1794 bis zur Hinrichtung der Dantonisten am 5. April. 13 Tage sind eine relativ geschlossene Zeiteinheit (wenn auch nicht so strikt wie die 4 Tage der *Wallenstein*-Trilogie), gemessen etwa an den mehreren Monaten in Goethes *Götz*. Brechts *Mutter Courage* erstreckt sich sogar über 12 Jahre. Zudem bilden die Akte des *Danton*-Dramas jeweils ein einigermaßen deutliches Zeitkontinuum:

- In Akt I hängen die Szenen 2–5 dicht und deutlich erkennbar aneinander; die Schluss-Szene I,6 spielt 24 Stunden später. Nur die Eingangsszene I,1 steht in unklarem zeitlichem Abstand zum Folgenden. Denkbar wäre aber auch ein unmittelbarer Zusammenhang.
- In Akt II hat man sich die Szenen 1–6 vermutlich im Verlauf eines Tages zu denken. Nach dem Ankleiden am Morgen geht Danton mit Camille in dessen Wohnung; dort wird er gewarnt; er flieht und kehrt wieder um; nachts hat er die September-Vision; später in der Nacht wird er verhaftet. II,7 spielt am Tag danach im Nationalkonvent. Der II. Akt fällt demnach auf den 31. März/1. April.
- Akt III schließt nicht nur unmittelbar an, sondern überschneidet sich sogar mit dem Schluss von II. Die Einlieferung der Dantonisten ins Gefängnis und die Diskussion im Konvent über die Verhaftung müssen ungefähr gleichzeitig sein. Im Übrigen ist erkennbar, dass der III. Akt die Zeit von der Verhaftung bis zum Tag vor der Hinrichtung umfasst, also den 1.–4. April. Die drei Verhöre, die in diese Zeit fallen, werden erwähnt. Es ist aber nicht deutlich, wo man sich innerhalb des Aktes die Zeitsprünge zu denken hat, die sich von außen her ermitteln lassen. Die Szenenfolge erweckt eher den Eindruck eines raschen, unaufhaltsamen Ablaufs.
- Akt IV reicht vom Abend vor der Hinrichtung bis zum Hinrichtungstag, dem 5. April.

Auswahl und Abgrenzung des Stoffs

Dass die Zeitstruktur des *Danton*-Dramas der Technik des geschlossenen Dramas näher steht als der des offenen, hängt damit zusammen, wie Büchner den Stoff seines Stücks abgegrenzt hat. Er gibt ja nicht das „Ganze in

Konzentration auf einen kurzen Abschnitt, aber keine ideelle Totalität

Ausschnitten“, sondern eher einen „Ausschnitt als Ganzes“ wieder, indem er die ihn beschäftigende Problematik der Französischen Revolution auf die kurze Etappe des Untergangs Dantons konzentriert. Gezeigt wird Endphase und Höhepunkt eines Ganzen, das Übrige wird integriert: Das lässt sich über *Dantons Tod* fast so gut sagen wie über Schillers *Wallenstein*. Allerdings ist mit dem Tod Dantons noch nicht das Ende der Revolution erreicht, auch nicht mit dem durch Vorausdeutungen in das Stück integrierten Sturz Robespierres; wie es danach weitergehen wird, bleibt ganz und gar offen. Insofern repräsentiert *Dantons Tod* keine ideelle Totalität. Eine übergeordnete, sinnstiftende Idee ist unkenntlich geworden, das Stück muss sich eben doch mit *Ausschnitten* aus der empirischen Realität begnügen. Im Einzelnen sind deshalb auch die Zeitverhältnisse eher nach der Technik des offenen Dramas behandelt. Die „Übermacht des einzelnen Augenblicks“ lässt das im Prinzip vorhandene Zeitkontinuum kaum zur Geltung kommen. Der Zuschauer erlebt nicht den zeitlichen Zusammenhang, sondern die einzelnen Situationen.

Handlungsführung: nicht zielgerichtet; Selbstständigkeit der Teile

Ähnliches gilt für die Handlungsführung. Natürlich läuft das Drama auf den Tod Dantons zu; aber es ist keineswegs von diesem Ziel her durchgehend strukturiert. *Dantons Tod* wirkt nicht dynamisch, sondern statisch. Deutlicher als eine Handlungskurve des ganzen Stücks treten die vier Akte als gesonderte Etappen auf dem Weg zu Dantons Untergang in Erscheinung und innerhalb der Akte haben die Einzelszenen ein großes Eigengewicht. Es geht nicht um die Spannung des Handlungsverlaufs (der Untergang Dantons ist ja auch spätestens seit dem Ende von Akt I gewiss), sondern um die Darstellung der einzelnen Situationen, der Umstände, die die Handlung bedingen.

Wichtigkeit der Umstände, die die Handlung bedingen

Stellung und Funktion der Einzelszenen werden gerade an denjenigen Szenen bzw. Teilszenen besonders deutlich, die für den Handlungsverlauf irrelevant sind; das sind die Marion-Szene in I,5, die kunsttheoretische Erörterung Camilles in II,3, das Philosophengespräch in III,1, die gesamte Promenaden-Szene II,2 und die Dumas-Szene IV,2. Insofern es Büchner gar nicht um die zielstrebige Handlungsentwicklung geht, sondern um ausgedehnte Situationsdarstellung, sind diese Szenen keineswegs überflüssig. Bei der Dumas-Szene etwa, gerade in ihrer Konfrontation mit Julies Entschluss zu sterben, ist die charakterisierende Funktion unverkennbar: die Absicht, Zustände, Verhaltensweisen und menschliche Reaktionen auf politische Verhältnisse zu veranschaulichen.

Funktion der für die Handlung ‚überflüssigen' Szenen

Aber auch viele Szenen, die sich insgesamt der Haupthandlung unterordnen, sind in Teilen oder manchen Zügen stärker auf die Situationsdarstellung als auf die Handlungsführung bezogen: z. B. in II,7 die Rede Saint-Justs, große Teile der Wohlfahrtsausschuss-Szene III,6 sowie eigentlich alle Gefängnisszenen, in denen die Handlung nicht mehr vorwärts schreitet. Es gibt auch keine innere Entwicklung der Dantonisten. Die große Volksszene I,2 hat zwar am Schluss ein Ergebnis für die Handlung (die Masse wendet sich hin zu Robespierre), stärker aber bezieht sie sich auf die Handlungsvoraussetzungen (die Not des Volkes), und in den Simon-Teilen dient sie der Milieuschilderung, der (in diesem Fall entlarvenden) Charakterisierung des Volkes.

Situationsdarstellung

„Gegenspieler des Helden im offenen Drama ist nicht eine Person, sondern die Welt in der Fülle ihrer Einzelerscheinungen" (Klotz). In *Dantons Tod* ist zwar mit Robespierre ein personaler Gegenspieler vorhanden, aber das Duell zwischen den beiden Kontrahenten, das im geschlossenen Drama meist in der Mitte und im Zentrum steht (wie in Schillers *Maria Stuart* der Streit der Königinnen), erfolgt hier schon am Ende des I. Akts, und nach der Hälfte des Stücks scheidet der personale Gegenspieler ganz aus, so dass eben die Situation, die politischen Verhältnisse, die Zeitumstände die Widersacher sind, an denen Danton zugrunde geht.

Widersacher des Helden sind die Verhältnisse, nicht eine Einzelperson

Auch für die Aufeinanderfolge der Szenen ist nicht primär die Entwicklung der Handlung maßgebend, die oft nur sprunghaft skizziert wird, sondern viel stärker die Entfaltung des Themas durch Darstellung verschiedenartiger Realitätsfragmente. Dabei wird sehr häufig die scharfe Kontrastierung zweier Szenen gesucht, der radikale Umbruch der Stimmung. Die Personen werden sowieso (in einer für das klassische Drama unerhörten Weise) von Szene zu Szene regelmäßig vollständig ausgewechselt. Das Verfahren soll die Gegensätze und Widersprüche herausarbeiten, die letzten Endes den Gang der Handlung bestimmen. Nebenher dient es oft auch

Prinzipien der Szenen-Abfolge

Technik des radikalen Szenenumbruchs

dazu, dem Aufkommen von Ergriffenheit oder Pathos entgegenzuarbeiten, durch das „Prinzip des antipathetischen Gegensatzes" (Viëtor). So wird das Liberalismus-Programm der Dantonisten durch die Volksszene I,2 in seiner Fragwürdigkeit entlarvt; der starke Eindruck von Dantons Gewissensqualen wird durch das Herumalbern der Verhaftungskommandos zerstört (II,5/6), ebenso die Ergriffenheit angesichts von Julies ruhigem Sterben durch das laute und wüste Treiben auf dem Revolutionsplatz (IV,6/7) usw. Manchmal wirkt solche Gegenüberstellung allerdings auch pathossteigernd, wie etwa bei der Kontrastierung von Julie und Dumas in IV,1/2, oder (innerhalb einer Szene) die Kontrastierung Luciles mit den Guillotinen-Weibern und mit dem singenden Henker in IV,8–9.

Prinzip des additiven Szenenbaus (Mehrteiligkeit der Szene)

Das Prinzip der lockeren Reihung, also der Verselbstständigung der Teile, das zwischen den Szenen herrscht, setzt sich bis in die Einzelszene hinein fort: Typisch für das offene Drama ist der additive Szenenbau, der in *Dantons Tod* üblich ist: Die Eingangsszene I,1 ist zwei- bzw. dreiteilig, die Volksszene I,2 vierteilig, die Marion-Szene I,5 dreiteilig, die Szene I,6 vierteilig; später etwa die Wohlfahrtsausschuss-Szene III,6 fünfteilig usw.

Häufigkeit des Monologs: Ausdruck menschlicher Isolation

Eine Eigenart speziell von *Dantons Tod* ist die starke Betonung des Monologischen. Der Monolog gehört nicht zur Typik des offenen Dramas (Monologisieren ist als etwas Unnatürliches dieser Dramenform eher fremd), sondern entspricht der speziell in diesem Stück dargestellten Weltsicht: der Isolation des Einzelnen und der Unmöglichkeit zwischenmenschlicher Kommunikation. Es sind Monologe, in denen die Personen ihre tiefsten, eindringlichsten und aufschlussreichsten Gedanken formulieren: Robespierre in der nächtlichen Szene I,6; Danton auf der Flucht II,4 und neben dem schlafenden Camille in IV,3; Barrère am Schluss der Wohlfahrtsausschuss-Szene III,6; Julie in ihrer Sterbeszene IV,6 und auch in IV,1; Lucile bei ihrer bangen Vorahnung am Schluss von III,3 und in der Wahnsinnsszene IV,4. Von den wichtigen Äußerungen fällt eigentlich nur Dantons September-Szene II,5 aus dieser Reihe, bei der er Julie als Partnerin hat.

Die Sprache

KURZINFO

- Dantons Tod ist sehr realistisch in der Wortwahl. Die Uneinheitlichkeit von Stil und Syntax bildet die Sprachhaltungen unterschiedlicher Personengruppen ab:
  - die Umgangssprache des einfachen Volks (Simons Frau),
  - die rhetorische Sprache der Revolutionspolitiker,
  - den ironischen Umgangston der Dantonisten,
  - die Sprache des Gefühls (Lucile, Julie, z.T. Camille),
  - das Pathos des Protests (IV,5).
- Schroffe Umbrüche in Tonfall und Stimmung kennzeichnen die Diskontinuität der Welt.
- Die Tendenz zum Monologisieren entspricht dem Bewusstsein der Isolation des Einzelnen.
- Charakteristische Motiv- und Chiffren-Komplexe sind:
  - Sexualität als Hinweis auf epikureischen Lebensgenuss,
  - Syphilis als Hinweis auf dessen Unerreichbarkeit,
  - Tod und Guillotine,
  - die Lust am Morden,
  - Theater, theatralische Pose,
  - Marionette.

Konkrete Anschaulichkeit der Wortwahl

Zum Wesen des offenen Dramas gehört es, dass die Sprache jede Stilisierung meidet und die Wirklichkeit unmittelbar zum Ausdruck bringt. In der Tat ist *Dantons Tod* außerordentlich realistisch hinsichtlich der Anschaulichkeit der Wortwahl, deren Direktheit für Büchners Zeit bemerkenswert ist, auch beispielsweise vor Fachausdrücken nicht zurückschreckt (Schädeldecken, Hirnfasern, Sublimatpille, Leibgrimmen, Eingeweide, Schlagfluss, Rückenmark, das hippokratische Gesicht). Konkret und ungeschönt wird auch das Hässliche benannt: Tod, Verwesung, Gestank, Schmutz; und besonders frappierend ist die Tabus ignorierende Direktheit im sexuellen Bereich. Gottfried Keller findet noch 1880, dass Dantons Tod von „Unmöglichkeiten strotzt“ (Brief an P. Heyse, 29. 3. 1880).

Uneinheitlichkeit des syntaktischen Stils

Was den Satzbau betrifft, so ist unverkennbar, „dass Büchner die knappen, kurzen Sätze bevorzugt; indes ist seine Sprache im ganzen so uneinheitlich wie die Psychologie seiner Figuren, und eine für den ganzen Stil konstituierende Satzform läßt sich bei Büchner, im Gegensatz zu anderen Dichtern, nicht ausmachen", so konstatiert Helmut Krapp in der interessanten Studie *Der Dialog bei Georg Büchner* (München 1958, S. 72).

Funktionen stilistischer Differenzierung
- Charakterisierung von Personengruppen
- Charakterisierung von Situationen

Diese Vielfalt stilistischer Möglichkeiten setzt Büchner zu verschiedenen Zwecken ein. Einerseits bildet er unterschiedliche Sprachhaltungen verschiedener Personengruppen ab; es gibt die Sprachen der Politiker, der Dantonisten und des Volkes. Andererseits charakterisiert er durch die Nuancierung der Sprechweise natürlich auch die jeweilige psychische Situation des Sprechers. Beides lässt sich nicht immer eindeutig voneinander trennen.

Die Sprache des Volks

Die *Umgangssprache des einfachen Volks* spielt im *Danton*-Drama bei weitem nicht die Rolle wie wenig später bei *Woyzeck*, wo sie das gesamte Stück prägt, ist aber in Ansätzen durchaus vorhanden. Am deutlichsten zeigt die Sprechweise von Simons Frau die Charakteristika dieses Stils: stockendes, rein zeitlich reihendes Nacheinander; unbeholfene Wortwiederholungen; Partikeln, die Zusammenhänge nur andeuten, ohne sie logisch zu formulieren, z. B.:

> „Seht ihr, ich saß *da so* auf dem Stein in der Sonne und wärmte mich, seht ihr, denn wir haben kein Holz, seht ihr …". (I,2)

Die Leute aus dem Volk – die Bürgersoldaten II,6, die Fuhrleute IV,4, die Weiber IV,7 – lieben grobe Witze (die aber im Unterschied zu den sehr viel eleganteren Zweideutigkeiten der Dantonisten das Quecksilber-Thema, d. h. die Chiffre für innere Zerfressenheit, ganz aussparen). Die Wortspiele und Kalauer dieser Szenen stehen wohl unter dem Einfluss der Rüpelszenen Shakespeares.

Die Sprache der Revolutionspolitiker

Den *Jargon der Revolutionspolitiker* sprechen Robespierre und Saint-Just, Danton in seinen Reden vor Gericht, die Dantonisten, wenn sie ihr politisches Programm vortragen, und auch einzelne Bürger in den Volksszenen (I,2; III,10). Zum Stil der politischen Rede gehört die Reihung von allgemein gehaltenen Tatbeständen ohne persönlichen Tonfall und vor allem natürlich die geschickte rhetorische Gestaltung, die auf eine große Masse wirken und sie begeistern will. Demgemäß verträgt dieser Stil keine syntaktische Unterordnung, sondern bevorzugt parataktisch nebeneinander gestellte Hauptsätze (ohne

Rhetorische Gestaltung

verbindende Konjunktionen), die Schlag auf Schlag einander folgen und so die Wirkung einhämmernder Dynamik erzielen:

Parataktische Reihung

> „Unsere Augen waren offen, wir sahen den Feind sich rüsten und sich erheben, aber wir haben das Lärmzeichen nicht gegeben, wir ließen das Volk sich selbst bewachen, es hat nicht geschlafen, es hat an die Waffen geschlagen." (Robespierre in der Jakobinerklub-Rede I,3)

Trikolon; Anapher

Oft sind solche rhetorischen Satzreihen dreigliedrig (Trikolon); die Teile der Reihe werden gern durch den Einsatz mit dem gleichen Wort zusammengehalten (Anapher). Nachfolgend ein Beispiel mit zwei anaphorischen Trikola hintereinander, wobei das erste Trikolon auch in der Mitte anaphorischen Wortgleichlaut hat und der dargestellte Kontrast durch das Mittel der Antithese stark betont wird:

> „Ihr habt Kollern im Leib und sie haben Magendrücken, ihr habt Löcher in den Taschen und sie haben warme Röcke, ihr habt Schwielen in den Fäusten und sie haben Samthände. Ergo […], ergo […]; ergo […]". (Erster Bürger in der Volksszene I,2)

Rhetorische Frage

Ein weiteres Stilmittel der politischen Rede ist die rhetorische Frage, wie sie etwa Saint-Just in seiner Rede II,7 verwendet (verbunden wieder mit einem anaphorischen Trikolon):

> „Ich frage nun: Soll die moralische Natur in ihren Revolutionen mehr Rücksicht nehmen, als die physische? Soll eine Idee nicht ebenso gut wie ein Gesetz der Physik vernichten dürfen, was sich ihr widersetzt? Soll überhaupt ein Ereignis […] nicht durch Blut gehen dürfen?"

Beschwörendes Argumentieren

Zu den stilistischen Eigenarten der Revolutionspolitiker gehört schließlich das beschwörende Argumentieren mit altrömischen Beispielen, mit den Revolutionshelden und mit den markanten Daten der Revolution (so zitiert der Lyoner in I,3 den „Dolch des Cato", „Chalier" und „10. August, September, 31. Mai"). Diese römisch-republikanische Redeweise ist für den heutigen Leser sehr auffällig. Büchner bildet aber nur in engem Anschluss an seine Quellen die tatsächliche Sprechweise der Revolutionäre nach. Doch trotz der zahlreichen typischen Elemente

Individuelle Differenzierung innerhalb des Einheitsstils

des Politiker-Jargons ist den Figuren durchaus ihre sprachliche Individualität belassen. Robespierre unterscheidet sich von Danton durch den moralisierenden Ton und das messianische Selbstbewusstsein; gegen beide deutlich abgesetzt ist Saint-Just durch die Strenge der Gedankenführung wie auch des Satzbaus.

Die Sprache der Dantonisten: Distanziertheit, Unterkühlung, Ironie

Der *Umgangston der Dantonisten* ist der öffentlichen Redeweise der Revolutionäre ziemlich genau entgegengesetzt: Distanziertheit statt Engagement, Unterkühlung des Ausdrucks, Ironie und Sarkasmus statt rhetorischem Pathos, Bonmot, Aperçu und Epigramm statt heiligem Ernst. In der Auseinandersetzung zwischen Robespierre und Danton (I,6) stoßen diese gegensätzlichen Stilhaltungen besonders deutlich aufeinander.

Assoziative Parataxe

Der Ton der Dantonisten führt zu einem spontanen, vielfach abgerissen-assoziativen Sprechen (die Parataxe hat hier eine ganz andere Funktion und Wirkung als in der rhetorischen Rede); die Gedanken stehen unverbunden nebeneinander, die logischen Beziehungen bleiben unausgesprochen; der Gedankengang ist nicht immer leicht nachzuvollziehen. Ein typisches Beispiel für solche assoziative Parataxe ist Dantons Monolog auf der Flucht:

> „Ich kokettiere mit dem Tod, es ist ganz angenehm so aus der Entfernung mit dem Lorgnon mit ihm zu liebäugeln. Eigentlich muss ich über die ganze Geschichte lachen. Es ist ein Gefühl des Bleibens in mir, was mir sagt, es wird morgen sein wie heute, und übermorgen und weiter hinaus ist alles wie eben. Das ist leerer Lärm, man will mich schrecken, sie werden's nicht wagen." (II,4)

Bonmots; Anspielungen aus dem Bildungsgut

Charakteristisch für den Stil der Dantonisten sind die Bonmots und Anspielungen, darunter viele zweideutige Anspielungen, die stets einen gewissen Bildungsgrad voraussetzen (Lacroix tändelt in I,5 mit Begriffen wie „moderner Adonis", „restaurierter Torso", „Sublimattaufe" und „tarpejischer Fels"); Robespierre würde dieser Sprache wohl das „Kainszeichen des Aristokratismus" zusprechen. Den frivolen und leichtfertigen Ton schlägt Hérault sofort in der Eingangsszene an und mit epigrammatischen Bonmots, wie sie das Volk von den Revolutionshelden auch noch auf der Guillotine erwartet, endet der Weg der Dantonisten.

Sprache als Ausdruck der Lebenssituation

Die Bonmots ebenso wie die assoziative Parataxe kennzeichnen die Dantonisten als Angehörige einer bestimmten (Bildungs-)Schicht. Viel stärker aber weisen diese Stilmerkmale auf die *Situation* der Dantonisten hin: Auf den Verlust von Sicherheit und Lebensziel, auf die Bedrohung ebenso durch die Sinnlosigkeit wie durch die Guillotine. Diese Bedrohung versuchen sie mit Bonmots zu bestehen (wie in dem Augenblick, da sie aufs Schafott steigen) oder ironisierend zu überspielen, aber nicht immer sind sie sich ihrer selbst so sicher, wie ihre Sprachhaltung vorgibt. Oft wird dabei der Stil geradezu selbst zur Aussage, wie z.B. in I,1, als Danton auf Camilles Forderung „Du wirst den Angriff im Konvent machen" antwortet:

Der Stil des Sinnverlusts

> „Ich werde, du wirst, er wird. Wenn wir bis dahin noch leben, sagen die alten Weiber. Nach einer Stunde werden 60 Minuten verflossen sein. Nicht wahr, mein Junge?"

Krapp (1958) kommentiert zu dieser Passage:

> „Womöglich mit Pathos hätte der Held der klassischen Dramatik seinen Kommentar von der Sinnlosigkeit dieser revolutionären Theorie in diesem Augenblick gegeben [...]. Er hätte so zwar die Stellung, die er im Drama zur Revolution bezieht, rein ausgesprochen und die Motive seiner Reaktion genannt, diese selber aber unterschlagen. Kurz: seine Rede wäre abstrakt geblieben [...]. Hingegen Büchner läßt den Danton seines Werkes seine Reaktionen nicht mehr schildern, sondern sie in Worten unmittelbar produzieren. Indem er selber inhaltslose Sätze bildet, weist er die Inhaltslosigkeit des schon Gesagten gültiger aus, als es die bloßen Urteils- oder Aussagesätze vermöchten." (S. 61)

Die Sprache des Gefühls (lyrische Sprechweise)

Da die Dantonisten mit ihrer Sprachhaltung unmittelbar und persönlich auf die jeweilige Situation reagieren, ist ihr Stil, trotz seiner gleich bleibenden Grundtendenz, durchaus variabel. So kennen etwa Camille und auch Danton eine *Sprache des Gefühls*, vor allem in den Partien, wo sie an ihre Frauen denken. Lucile und Julie selbst sprechen fast durchgehend in diesem Ton: In einer lyrischen Sprache mit poetischen Metaphern und Vorstellungen, die auch dort noch schön erscheinen, wo sie Schmerzlichstes formulieren. Statt der sonst im Kreis Dantons üblichen sachlichen Kühle und rationalen Überlegenheit tritt hier die innere Beteiligung des Sprechers hervor:

> DANTON: Wie schimmernde Tränen sind die Sterne durch die Nacht gesprengt, es muss ein großer Jammer in dem Aug sein, von dem sie abträufelten. (IV,3)
>
> JULIE: Die Sonne ist hinunter. Der Erde Züge waren so scharf in ihrem Licht, doch jetzt ist ihr Gesicht so still und ernst wie einer Sterbenden. Wie schön das Abendlicht ihr um Stirn und Wangen spielt! (IV,6)

Die Volkslieder Luciles

Zur lyrischen Sprache Luciles gehören auch die Volkslieder in II,3, IV,4 und IV,9, die ihr immer wieder, aus dem Unbewussten heraus und gewissermaßen von selbst, auf die Lippen kommen und den Eindruck unendlicher Traurigkeit erwecken – umso ergreifender deshalb, weil dieser Ton in der (sprachlichen) Umgebung der Rhetorik und des Zynismus so hoffnungslos verloren wirkt.
Bei den Männern sind vor allem die Äußerungen Camilles oft von lyrischer Ergriffenheit geprägt, nicht nur, wenn er sich um Lucile sorgt oder vor dem Tod zurückschaudert, sondern auch, wenn er von Schönheit und Kunst spricht. Auch Danton und Marion haben sehr deutlich diesen lyrischen Ton in dem kurzen Dialog nach Marions Lebensbericht. Und Philippeau und Hérault sprechen die Sprache des Gefühls in ihren letzten Äußerungen vor der Abfahrt zum Schafott:

> HÉRAULT: Freue dich, Camille, wir bekommen eine schöne Nacht. Die Wolken hängen am stillen Abendhimmel wie ein ausglühender Olymp mit verbleichenden, versinkenden Göttergestalten. (IV,5)

Pathos des Protests

Einmal steigern sich die Danton-Freunde auch zu echtem *Pathos hohen Stils*, nämlich als sie in IV,5 ihren Protest gegen die grausame, menschenverachtende Einrichtung der Welt hinausschreien. Dazu noch einmal die Interpretation von Krapp (S. 23):

> „Die hier sprechen, setzen der Wirklichkeit ihrer unfreien, verfallenen Existenz – wie sie jeweils in den Finalsätzen beschrieben wird – die Idee entgegen, der Mensch sei nicht zwangsweise unfrei und verfallen – wie sie der interrogative Charakter ihrer Sätze entwirft. Anders gesagt: die rhetorische Frage steht hier zunächst nicht für Fragwürdigkeit, sondern für Protest, der noch der Sicherheit entstammt. Vom Widerstandsvermögen, das Schiller seinen Helden im Pathos zusprach, ist er noch als Residuum geblieben […].

> Nur: der Rückschlag folgt auf dem Fuß. Hervorgetrieben von der Steigerung rhetorischer Fragen durch mehrere Repliken hindurch steht Dantons Satz, dem Rhythmus Halt gebietend, wie eine Antwort auf diesen Versuch des Protests: ‚Die Welt ist das Chaos. Das Nichts ist der zu gebärende Weltgott.'"

Schroffe Umbrüche in Tonfall und Stimmung

Es gibt auch stilistische Merkmale des *Danton*-Dramas, in denen sich, unabhängig von einzelnen Personen oder Personengruppen, direkt die Weltsicht des ganzen Stücks niederschlägt. Dazu gehören die schroffen *Umbrüche in Tonfall und Stimmung*. Der Stil des Sprechens wiederholt die harten Schnitte, die bei der Zerlegung der Szenen in Teilszenen zu beobachten sind. Beides bildet die Diskontinuität einer Welt ab, in der kein einigender Sinn mehr zu finden ist. In I,1 etwa entspricht dem Ineinander und Nacheinander der Szenenführung ein Wechsel zwischen der Sprache des Gefühls, leichtfertigem Getändel und Anflügen des Politiker-Jargons. In I,5 steht zwischen der undifferenziert-unbeteiligten Gleichförmigkeit des Marion-Berichts und den Zynismen der Lacroix-Szene eine der lyrischsten und poetischsten Passagen des Dramas.

Tendenz zum Monologisieren

Auffällig ist ferner die *Tendenz zum Monologisieren*, das – über die bereits vermerkte Häufigkeit der wirklichen Monologe (vgl. S. 94) hinaus – auch Dialogpartien erfasst. Die Protestschreie in IV,5, obwohl von vier Sprechern vorgetragen, sind tatsächlich so etwas wie ein chorischer Monolog. Das Pathos gelingt nicht mehr als Dialogform, sondern nur noch in monologischer Isolierung. Genauso wird das politische Programm der Dantonisten in I,1 nicht diskursiv entwickelt, sondern hat die Form eines chorischen Monologs. Und die lyrischen Passagen sind Selbstaussage eines Ich, also monologisch, auch wenn sie an ein Gegenüber gerichtet sind. Wenn Danton zu Marion sagt: „Warum kann ich *deine* Schönheit nicht ganz in mich fassen", so formuliert er doch nur *seine* eigene Trauer über die Unerreichbarkeit der Schönheit. Mit dieser fast zwanghaften Tendenz zum Monologisieren entspricht der Stil des Dramas offenbar der dargestellten Isolation des Menschen.

Motiv- und Metaphernkomplexe

Auf den Sinn des Dramas verweisen auch drei *Motiv- und Metaphernkomplexe*, die leitmotivisch immer wiederkehren. Das Motiv der Sexualität deutet auf den erstrebten

– Sexualität und Syphilis
– Tod und Kannibalismus

epikureischen Lebensgenuss hin, das Motiv der Syphilis auf die Unerfüllbarkeit dieses Strebens und die Heillosigkeit der Welt, und der Motivbereich des Todes, der Guillotine, des Mordens und der Lust am Morden (für die die Hinrichtung zum öffentlichen Freudenfest wird) beherrscht das gesamte Stück. Bemerkenswert ist in diesem Zusammenhang die Brutalität und der manchmal kannibalische Einschlag der Ausdrucksweise, z. B.:

> DRITTER BÜRGER: Wir wollen ihnen die Haut von den Schenkeln ziehen und uns Hosen daraus machen, wir wollen ihnen das Fett auslassen und unsere Suppen mit schmelzen. (I,2)

> ZWEITER FUHRMANN: [Mein Karren] ist ein anständiger Karren, er hat den König und alle vornehmen Herren aus Paris zur Tafel gefahren. (IV,4)

> DANTON: […] die Revolution ist wie Saturn, sie frisst ihre eignen Kinder. (I,5)

> CAMILLE: Wie lange soll die Menschheit im ewigen Hunger ihre eignen Glieder fressen? (II,1)

Die auffallend zahlreichen Formulierungen dieser Art können Verschiedenes signalisieren. Im Mund des Volkes unterstreichen sie das Ausmaß von Hunger und Not; an anderer Stelle verweisen sie auf die zur Unterhaltung gewordene Alltäglichkeit des Mordens. Camille und Danton reflektieren die Sinnlosigkeit revolutionären Handelns bzw. allen politischen Handelns. Tatsächlich hängen ja in der Thematik des Stücks alle diese Aspekte miteinander zusammen, und zwar auch mit dem metaphysischen Aspekt der Verlorenheit des Menschen, den die Metapher andeutet, die Danton verwendet, wenn er davon spricht, dass er die „Schädeldecken aufbrechen" (I,1) oder den Lebenssinn „aus den Eingeweiden herauswühlen" will (II,1).

– Theater und theatralische Pose

Ein drittes Bild, in dem sich der Sinn des Geschehens – oder richtiger seine Sinnlosigkeit – widerspiegelt, ist das Bild des Theaters, auf dem der Mensch nur eine Rolle spielt:

> DANTON: Wir stehen immer auf dem Theater, wenn wir auch zuletzt im Ernst erstochen werden. (II,1)

> DANTON: Puppen sind wir, von unbekannten Gewalten am Draht gezogen; nichts, nichts wir selbst! (II,5)

Neben diesen zentralen Textstellen gibt es eine Anzahl weiterer Anspielungen auf das Theater-Motiv (Simon ist Souffleur; vom Theater sprechen die Herren in II,2 und Camille in II,3); außerdem erscheinen sehr oft Formulierungen, die auf eine theatralische, d. h. zutiefst fragwürdige Pose hinweisen; etwa „sich in die Toga wickeln“ (I,5), „seine Toga drapieren“ (IV,5), „auf einen anständigen Fall studieren“ (II,1).

Dantons Tod als Geschichtsdrama

KURZINFO

- *Dantons Tod* zeichnet sich durch große Faktentreue aus.
- Zu einem Geschichtsdrama gehört darüber hinaus das Bemühen, das Wesen einer Epoche zu erfassen.
- Büchners Fatalismus-Begriff: Die Geschichte wird nicht von großen Persönlichkeiten gestaltet. Der Verlust der Entscheidungsfreiheit degradiert den Menschen zur Marionette. Die Abhängigkeit von einem „Muss“ führt zur Verstrickung in Schuld.
- Unterschied gegenüber Schillers Geschichtsdrama *Wallensteins Tod:* Wallenstein hat die Freiheit der Entscheidung (zwischen Pflicht und Neigung).
- Nach Schillers Konzeption wird die Geschichte von großen Persönlichkeiten beherrscht; die Personen Büchners sind Getriebene.
- Dantons Tod ist auch in seiner Geschichtsauffassung ein modernes Drama.

Authentizität der Geschichtsdarstellung

Historische Genauigkeit des *Danton*-Dramas

Angesichts der Bedeutung, die Büchner Umwelt, Zeitverhältnissen und Situation als Gegenkräften des Helden beimisst, ist es nicht verwunderlich, dass *Dantons Tod* sich durch außerordentliche Faktentreue und historische Genauigkeit auszeichnet.

Ein Sechstel des Textes besteht aus Quellenzitaten

Man hat berechnet, dass mehr als ein Sechstel des Textes aus wörtlich übernommenen oder leicht abgeänderten Zitaten besteht, die Büchner in einer Art Montagetechnik in den Text eingefügt hat. Teilweise hat er geradezu aus einem Zitat seinen Text erst entwickelt.

Büchners Quellen

Die Hauptquellen Büchners waren das seinerzeit sehr bekannte 10-bändige Werk von *L. A. Thiers*, *Histoire de la Révolution Française* (Paris 1823/24) und eine populäre deutsche Zeitschrift, die auch in Büchners Elternhaus gehalten wurde: *Die Geschichte unserer Zeit* (in den Jahren 1826–30 erschienen über 30 Bände). Möglicherweise kommt als dritte Quelle noch die Revolutionsgeschichte von *Mignet* hinzu (Paris 1824).

Zur Biographie von Thiers

Thiers, der wichtigste Gewährsmann Büchners, war Historiker, Journalist und Politiker. Maßgeblich beteiligt an der bürgerlich-liberalen Widerstandsbewegung, die 1830 zum Sturz der Bourbonen führte, war er später zeitweise Minister, dann Führer der liberalen Opposition gegen Napoleon III. Nach dessen Sturz wurde er 1871 Präsident der

Dritten Republik. Er war verantwortlich für die blutige Niederwerfung des Aufstands der Pariser Kommune 1871. Die Faktentreue allein macht allerdings noch kein Geschichtsdrama. Der Begriff des Geschichtsdramas bezeichnet zwar keine fest definierte Form; doch ist es sinnvoll, ihn nicht für farbige Historiengemälde zu verwenden (die es im 19. Jahrhundert in großer Zahl gab), sondern vom Geschichtsdramatiker eine bewusste Haltung gegenüber der Geschichte und dem geschichtlichen Stoff zu erwarten. Erkennbar sein muss das Bemühen, im Sinne Hegels den inneren Kern und den substanziellen Gehalt der Geschichte einer bestimmten Epoche herauszuarbeiten.

Forderung an ein Geschichtsdrama: auf die Substanz zielendes Geschichtsverständnis

Historische Stoffe und große historische Persönlichkeiten waren von der Antike bis mindestens zum Barock der wichtigste Gegenstand der Tragödie. (Erst Aufklärung und Sturm und Drang brachten mit dem „Bürgerlichen Trauerspiel“ eine Wende.) Doch kennt beispielsweise das Barock keine unverwechselbaren geschichtlichen Wirklichkeiten, sondern hält sich an absolute – mithin ungeschichtliche – Werte. Insofern sind die Tragödien etwa des Andreas Gryphius keine Geschichtsdramen im eigentlichen Sinn. Ein deutsches Geschichtsdrama, das das Wesen geschichtlichen Geschehens zu erfassen und zu deuten versucht, gibt es erst seit der Klassik, zumal seit Schillers bedeutenden historischen Dramen (*Don Karlos*, *Wallenstein*-Trilogie, *Maria Stuart*).

Historische Stoffe in älteren Dramen

Echtes Geschichtsverständnis seit der deutschen Klassik

Büchners Begriff des „Fatalismus der Geschichte“

Bei der Frage, wie *Dantons Tod* sich in das Genre des Geschichtsdramas einfügt und welcher Art Büchners Geschichtsdeutung ist, stößt man auf den Begriff des „Fatalismus der Geschichte“, den Büchner in einem Brief an seine Braut verwendet (nach dem 10. März 1834, also etwa ein Dreivierteljahr vor dem *Danton*-Drama, als er vielleicht schon mit Vorstudien dazu beschäftigt war):

Büchners Geschichtsdeutung als „Fatalismus“

> „[...] Ich studierte die Geschichte der Revolution. Ich fühlte mich wie zernichtet unter dem grässlichen *Fatalismus der Geschichte*. Ich finde in der Menschennatur eine entsetzliche Gleichheit, in den menschlichen Verhältnissen eine unabwend-

Der Fatalismus-Brief

> bare Gewalt, allen und keinem verliehen. Der Einzelne nur Schaum auf der Welle, die Größe ein bloßer Zufall, die Herrschaft des Genies ein Puppenspiel, ein lächerliches Ringen gegen ein ehernes Gesetz, es zu erkennen das Höchste, es zu beherrschen unmöglich. Es fällt mir nicht mehr ein, vor den Paradegäulen und Eckstehern der Geschichte mich zu bücken. Ich gewöhnte mein Auge ans Blut. Aber ich bin kein Guillotinenmesser. Das *muss* ist eins von den Verdammungsworten, womit der Mensch getauft worden. Der Ausspruch: Es muss ja Aergernis kommen, aber wehe dem, durch den es kommt, – ist schauderhaft. Was ist das, was in uns lügt, mordet, stiehlt? Ich mag dem Gedanken nicht weiter nachgehen. Könnte ich aber dies kalte und gemarterte Herz an deine Brust legen!"
> (Zit. nach: „Büchner-Texte", in: Georg Büchner, Werke und Briefe. Münchner Ausgabe, hrsg. von Karl Pörnbacher u. a., München: Hanser Verlag 1988, S. 91 f.)

Begriffsdefinitionen Fatalismus / Determinismus

„Fatalismus" ist eine Weltanschauung, die besagt, dass alles Geschehen einer nicht steuerbaren Notwendigkeit unterliegt, so dass der Mensch keine Möglichkeit einer selbstbestimmten freien Entscheidung besitzt. Der Begriff deckt sich also in etwa mit dem des *Determinismus*, der ebenfalls die Freiheit und Verantwortung ausschließende Kausalität des menschlichen Willens bezeichnet. „Fatalismus" war allerdings zu Büchners Zeit auch so etwas wie ein Terminus technicus für die Geschichtsauffassung.

Der Fatalismus-Begriff Büchners

Der Ton sowohl des Fatalismus-Briefs als auch der in der Aussage ganz parallelen Septembermord-Szene des *Danton*-Dramas (II,5) verbieten es, Büchners Begriff „Fatalismus" nur als politisches Schlagwort als Ausdruck politischer Verärgerung zu verstehen. Doch mag diese Bedeutung mitschwingen. Was Büchner als „Fatalismus der Geschichte" erlebte, wäre dann die Abhängigkeit von Gesetzmäßigkeiten, die dem Geschichtsprozess immanent sind, oder auch die Abhängigkeit von der „unabwendbaren" Macht gesellschaftlicher Verhältnisse.

Abdankung großer Einzelpersönlichkeiten

Erschütterung durch den „gräßlichen Fatalismus"

Eindeutig ist jedenfalls die Erkenntnis, dass die Geschichte nicht von großen Einzelpersönlichkeiten gestaltet wird, von den „Paradegäulen und Eckstehern" wie Alexander, Cäsar oder Napoleon. Man sollte erwarten, dass für den politisch links stehenden Büchner die Abdankung der großen Männer eine Befreiung bedeuten müsste, aber das Gegenteil ist der Fall. Er spricht von einer *„entsetzlichen“* Gleichheit und einem *„gräßlichen“* Fatalismus und er fühlt sich dadurch, ähnlich wie Danton, gelähmt – so sehr, dass er nicht einmal einen Brief an die Braut zu schreiben vermag. Die Gründe dieser lähmenden Erschütterung sind dieselben wie im Drama: Einerseits der Verlust der menschlichen Freiheit, die Degradierung zu einer Marionette, die von unbekannten Gewalten an ihren Drähten gezogen wird, andererseits die Bedrohung durch unausweichliche Schuldverstrickung. Denn im Gegensatz zum Guillotinenmesser, das den Fallgesetzen ohne Gewissensbisse folgen kann, ist der Mensch dem „Muss“ zwar unterworfen, weiß aber dabei doch, dass durch sein unvermeidbares Tun „Ärgernis“ kommt.

- wegen des Verlustes der menschlichen Freiheit
- wegen des unvermeidlichen Schuldigwerdens

Dantons Tod als Gegenentwurf zum historischen Ideen-Drama der Klassik

Büchner tritt mit seiner Auffassung von geschichtlichem Handeln in Gegensatz zum Geschichtsdrama Schillers (wie er ja auch in seiner Kunstauffassung ganz bewusst gerade gegen Schiller Front macht). Es liegt nahe, das *Danton*-Drama mit Schillers *Wallenstein* zu vergleichen: Auch *Wallenstein* zeigt das Panorama einer markanten historischen Epoche. Beide Stücke stehen unter dem Eindruck der Französischen Revolution (*Wallenstein* wurde 1798–1800 veröffentlicht) und Büchner sucht ja vermutlich bei der Wahl des Titels *Dantons Tod* die Parallele zu *Wallensteins Tod*, dem Hauptteil der *Wallenstein*-Trilogie. Zwei grundsätzliche Unterschiede hinsichtlich des Geschichtsverständnisses werden bei einem solchen Vergleich sehr deutlich.

Büchners *Dantons Tod* und Schillers *Wallenstein*

In striktem Gegensatz zu *Dantons Tod* ist Schillers *Wallenstein* ein ethisches Entscheidungsdrama, das von der Idee menschlicher Entscheidungsfreiheit getragen wird. Zwar gerät der historisch bzw. politisch Handelnde in Konflikt zwischen „Pflicht“ und „Neigung“, zwischen individuellen Trieben und verpflichtenden Normen; aber er *„muss“* nicht schuldig werden, er ist keine „Puppe“, sondern er behält die Freiheit der Entscheidung, wenn auch freilich um den Preis tragischen Untergangs. Max Piccolomini hält an den sittlichen Normen fest, an der Treuepflicht gegenüber seinem Kaiser. Er trennt

Die Idee der Entscheidungsfreiheit in der *Wallenstein*-Trilogie

- Max Piccolominis Entscheidung

sich von Wallenstein, als er erkennt, dass dieser zum Verräter wird und das Eigeninteresse über das Ideal einer neuen, schönen Zeit des Friedens setzt. Diese Entscheidung kostet Max auf jeden Fall sein Glück, Thekla, und, da er keinen anderen Ausweg findet, als den Tod im Kampf zu suchen, auch das Leben. Aber er bewahrt sich die Freiheit der Entscheidung. Auf die Möglichkeit, die idealistische Entscheidungsfreiheit durch Akzeptieren des Untergangs zu retten, hat er früher in der großen Auseinandersetzung *Wallensteins Tod* II,3 auch Wallenstein hingewiesen:

> „Und wär's zu spät – und wär' es auch soweit,
> Daß ein Verbrechen nur vom Fall dich rettet,
> So falle! Falle würdig, wie du standst."
>
> (V. 821ff.)

– Wallensteins Entscheidung

Wenn man allerdings, wie Wallenstein, praktische politische Zwecke verfolgt, sich ganz bewusst für ein Handeln in der (realen) Geschichte entscheidet, ohne Rücksicht auf sittliche Normen, so macht man sich von den Mächten des Schicksals abhängig. Wallenstein wird sich dessen am Schluss seiner Entscheidungsszene in *Wallensteins Tod* I,7 sehr klar bewusst. Und man muss dann auch damit rechnen, dass man von diesen Mächten getäuscht und überrumpelt wird, wie es Wallenstein widerfährt. Aber diese Erfahrung, dass ein auf sehr reale Zwecke ausgerichtetes Handeln unberechenbare reale Konsequenzen haben kann, ist in keiner Weise mit Dantons Bewusstsein einer marionettenhaften Abhängigkeit zu vergleichen. Wallenstein hätte ja außerdem die Freiheit, auf seine praktischen (eigennützigen) Zwecke zu verzichten.

Personale Geschichtsauffassung in Schillers *Wallenstein*

Zweitens hat Schiller im Gegensatz zu Büchner eine ausgesprochen dramatische, d. h. von der historischen Persönlichkeit beherrschte Konzeption der Geschichte. Sein Wallenstein ist der Schöpfer einer ganzen Welt und einer ganzen Epoche. Auch wenn Schiller es für nötig hält, die Trilogie mit *Wallensteins Lager* zu eröffnen, also mit einer Milieuschilderung, weil nur Wallensteins Lager sein Verbrechen erkläre (Prolog, V. 118), so ist doch tatsächlich Wallenstein schon im Lager der alleinige Schöpfer und unumschränkte Führer dieses Heeres, der große Einzelne, der alles belebt und erhält. Die Ein-

Wallenstein als geniale Einzelpersönlichkeit

zigartigkeit Wallensteins wird von den unterschiedlichsten Personen immer wieder hervorgehoben. Vor allem aber Max Piccolomini sieht in Wallenstein die geniale Schöpferkraft; so etwa im Wortgefecht mit dem Kriegsrat Questenberg:

> „Geworden ist ihm eine Herrscherseele,
> Und ist gestellt auf einen Herrscherplatz.
> Wohl uns, dass es so ist! […]
> Und eine Lust ist's, wie er alles weckt
> Und stärkt und neu belebt um sich herum,
> Wie jede Kraft sich ausspricht, jede Gabe
> Gleich deutlicher sich wird in seiner Nähe!
> (*Die Piccolomini* I,4,412 ff.)

Und seinen Vater weist Max auf die weltbewegenden Folgen eines Sturzes Wallensteins hin:

> „Denn dieser Königliche, wenn er fällt,
> Wird eine Welt im Sturze mit sich reißen,
> […]."
> (*Die Piccolomini* V,3,2639 f.)

Vergleich mit den Figuren Büchners

Eine derartig geniale, geschichtsgestaltende Einzigartigkeit gibt es in Büchners Welt nicht mehr. Danton kann keine derartige Gestaltungskraft mehr haben, weil er von Skepsis und Fatalismus-Glauben gelähmt ist. Sein früherer revolutionärer Elan hat sich ihm ja gerade als Schein entlarvt, als das Zappeln einer von unbekannten Gewalten abhängigen Marionette. Und Robespierre (abgesehen davon, dass schon seine ideologische Erstarrung jede gestaltende Schöpferkraft ausschließt) versteht es zwar, taktisch geschickt die Stimmungen der Masse eine Zeit lang für seine Zwecke einzusetzen. Tatsächlich aber gestaltet er nicht den Lauf der Geschichte, sondern wird von den Verhältnissen getrieben, bleibt abhängig von den schwankenden Launen des Volks. Deshalb könnte man weder von Danton noch von Robespierre sagen, dass sie „eine Welt im Sturze mit sich reißen." Vielmehr ist es umgekehrt: Das Zusammenbrechen einer Phase der Revolution reißt Danton mit sich, und es ist innerhalb des Stücks vorausweisend angedeutet (besonders in der Wohlfahrtsausschuss-Szene III,6), dass man Robespierres bevorstehenden Sturz genau so zu verstehen hat.

Dürrenmatts Auffassung von den Unterschieden zwischen Schillers Zeit und der Gegenwart

In modernerer Zeit hat der Schweizer Dramatiker Friedrich Dürrenmatt den Unterschied zwischen den Möglichkeiten Schillers und den Zwängen der modernen Welt folgendermaßen dargestellt:

> „Schiller schrieb so, wie er schrieb, weil die Welt, in der er lebte, sich noch in der Welt, die er schrieb, die er sich als Historiker erschuf, spiegeln konnte. Gerade noch. War doch Napoleon vielleicht der letzte Held im alten Sinne. Die heutige Welt, wie sie uns erscheint, läßt sich dagegen schwerlich in der Form des geschichtlichen Dramas Schillers bewältigen, allein aus dem Grunde, weil wir keine tragischen Helden, sondern nur Tragödien vorfinden, die von Weltmetzgern inszeniert und von Hackmaschinen ausgeführt werden. Aus Hitler und Stalin lassen sich keine Wallensteine mehr machen. Ihre Macht ist so riesenhaft, daß sie selber nur noch zufällige, äußere Ausdrucksformen dieser Macht sind […]. Die Macht Wallensteins ist eine noch sichtbare Macht, die heutige Macht ist nur zum kleinsten Teil sichtbar, wie bei einem Eisberg ist der größte Teil im Gesichtslosen, Abstrakten versunken."
> (aus: Friedrich Dürrenmatt: Theater. Essays, Gedichte und Reden. Copyright © 1986 Diogenes Verlag AG Zürich)

Die Modernität Büchners

Folgt man dieser Abgrenzung Dürrenmatts, so gehört *Dantons Tod* eindeutig auf *unsere* Seite der Demarkationslinie, ist ein modernes Drama nicht nur hinsichtlich seiner Struktur (der offenen Dramenform), sondern auch in seiner Geschichtsauffassung. Der Schwierigkeit, der sich nach Dürrenmatt der moderne Dramatiker gegenübersieht, dass ihm nämlich die Anonymität und Gesichtslosigkeit der modernen Welt keinen Ansatzpunkt zu dramatischer Gestaltung bietet, dieser Schwierigkeit begegnet Büchner ein Jahr nach dem *Danton*-Drama in seinem *Woyzeck* in der Weise, dass er gerade einen Gesichtslosen in seiner hoffnungslosen Abhängigkeit von gesellschaftlichen Kräften zur Hauptfigur wählt. Plakativ formuliert, dass er das **historische** Drama aufgibt und mit *Woyzeck* das deutsche *soziale* Drama einleitet.

Woyzeck: Der Übergang vom historischen zum sozialen Drama

Interpretationsansätze

KURZINFO

- Die starken Unterschiede der Interpretation beruhen wesentlich auf der Frage, wieweit man Fakten aus Büchners Leben und Äußerungen aus seinen Briefen für die Deutung des Dramas heranziehen darf bzw. muss. Exemplarisch für die gegensätzlichen Positionen ist ein Streit aus den 1930er-Jahren.
  - Viëtor: existenzielle Interpretation: Die Revolution ist nur Staffage; es geht allein um Dantons Existenzproblematik.
  - Lukács: politische Interpretation: Der bürgerliche Revolutionär Danton ist in dem zur sozialen Revolution fortgeschrittenen Stadium der Revolution überholt und dadurch gelähmt. Diese Interpretation wird durch Büchners revolutionäre Biografie nahegelegt.
- Die politische Interpretation stützt sich einseitig auf die erste Dramenhälfte; Julie und Lucile werden weitgehend ausgeklammert. Für die existenzielle Interpretation dagegen ist vor allem die zweite Dramenhälfte mit den Themen Leid und Verzweiflung wichtig.
- Interpreten, die das ganze Stück im Auge behalten, sprechen von einer „offenen Dramaturgie", die die Widersprüche bestehen lasse. Weder Danton noch Robespierre noch das Volk seien eindeutig positiv.
- Daneben besteht aber auch in neuerer Zeit der alte Gegensatz der beiden Interpretationen in variierter Form weiter.

Schwierigkeiten der Interpretation

Dantons Tod gehört zu den umstrittensten Texten der deutschen Literatur. Zum einen lässt sich die Interpretation hier kaum ganz von der politischen Einstellung des Interpreten freihalten, die sich sowohl auf die Deutung des Dramas als auch auf die Beurteilung des Verlaufs der Französischen Revolution auswirkt. Zum anderen bleibt es unsicher, wieweit man sich bei der Interpretation des Dramas auf Äußerungen Büchners zu den politischen Verhältnissen seiner Zeit berufen kann oder muss, wobei dann immer noch eine Diskrepanz bestehen bleibt zwischen Bekenntnissen zu radikaler, auch gewaltsamer Revolution einerseits (z.B. im Brief an die Familie vom 5. 4. 1833) und dem Fatalismus-Brief andererseits, in dem Büchner ähnliche Gedanken formuliert wie Danton in II,5: „Das *muss* ist eins von den Verdammungsworten, womit der Mensch getauft worden. Der Ausspruch: es muss ja Ärgerniss kommen, aber wehe dem, durch den es kommt, – ist schauderhaft" (Brief an die Braut vom 9.–12. 3. 1834; zit. nach: „Büchner-Texte", in: Georg Büchner, Werke und Briefe. Münchner Ausgabe, hrsg. von Karl Pörnbacher u.a., München: Hanser Verlag 1988, S. 91 f.).

„Existenzielle“ Interpretation (Viëtor)

Die Grundzüge zweier typischer Interpretationsansätze lassen sich an einem berühmten Streit aus den 30er-Jahren verdeutlichen, an der Kontroverse zwischen der „nihilistischen“ oder „existenziellen“ Interpretation von Karl Viëtor und der politischen, d. h. sozialistischen, von Georg Lukács. Karl Viëtor interpretierte 1934 *Dantons Tod* als einen gänzlich unpolitischen Text, in dessen Mittelpunkt allein Dantons Existenzproblematik stehe. Die Revolution und die gesamte politische Thematik sei nur Staffage und deshalb für die Interpretation unerheblich.

- Nihilismus und Fatalismus

Die Themen von *Dantons Tod* sind nach Viëtor der Nihilismus „als Gegenidee zu der des Lebens“ und der Fatalismus der Determiniertheit. Büchner breche mit dem geistesgeschichtlich unhaltbar gewordenen deutschen Idealiswmus und stelle sich entschlossen in das Nichts. Die Gestalt Dantons ist bei diesem Interpretationsansatz positiv zu werten. Robespierres überholter Idealismus ist ebenso naiv wie gefährlich; Danton dagegen ist zwar durch sein pessimistisches Wissen um den Fatalismus gelähmt und geht daran zugrunde, aber er nimmt sein Schicksal bewusst und entschlossen auf sich und bleibt nicht blind und verblendet wie Robespierre.

Politische Interpretation (Lukács)

Gegen diese Interpretation erhob 1937 Georg Lukács in einem Aufsatz aus dem Moskauer Exil leidenschaftlichen Protest. Lukács setzt beim Biographischen an. Er weigert sich, bei Büchner einen Bruch zwischen einem Politiker und einem reinen Dichter anzuerkennen. Für ihn ist Büchner durchgehend ein konsequenter Revolutionär, und zwar ein sozial denkender, für den die ökonomische Befreiung der Massen von der Ausbeutung das Ziel der Revolution ist. Dementsprechend ist *Dantons Tod* zu lesen: als politische Aussage im Sinne einer sozialen Revolution.

- Büchner ein konsequenter Revolutionär

- Soziale kontra bürgerliche Revolution

Danton ist demnach ein großer **bürgerlicher** Revolutionär, der aber gemäß seiner Klassengebundenheit nicht über die bürgerlichen Ziele der Revolution hinausgelangt. Er hat die Befreiung vom **Feudalismus** angestrebt, will jedoch bei der Befreiung vom **Kapitalismus** nicht mehr mitwirken. Daher rührt seine Richtungslosigkeit in dem fortgeschrittenen Stadium der Revolution, das das Drama vorführt, und auf dieser politischen Richtungslosigkeit beruht seine Lähmung, nicht etwa auf einem Blick in das Nichts.

- Orientierungslosigkeit Dantons

Deshalb ist nach Lukács, vereinfachend gesagt, Robespierre relativ positiv zu werten, Danton stärker negativ. Allerdings ist auch für Lukács die Philosophie Robespierres, der Rousseau'sche Idealismus, dem epikureischen Materialismus Dantons unterlegen. Doch zum Begreifen der Geschichte ist Dantons alter Materialismus ebenfalls nicht in der Lage. Am fortgeschrittensten hinsichtlich der Einsicht in die historische Gesetzmäßigkeit ist für Lukács Saint-Just in seiner Konventsrede, in der er die eherne und unmenschliche Notwendigkeit der Geschichte mit leidenschaftlichem Pathos bejaht und verherrlicht. Das ist jedoch eine Deutung nur des **historischen** Saint-Just, die sich jedenfalls für den intrigierenden Saint-Just des Dramas, für den der Zweck jegliches Mittel heiligt, sicher nicht halten lässt.

- Positive Wertung Saint-Justs

Die beiden an extremen Positionen skizzierten Interpretationsansätze sind seitdem immer wieder erneuert worden, mit zum Teil freilich bedeutsamen und weiterführenden Modifikationen. Beide Interpretationsrichtungen erscheinen jedoch zu einseitig, schon in der Auswahl ihrer Beweismittel. Für die „existenzielle" Interpretation existiert vorwiegend die zweite Dramenhälfte, für die politische fast ausschließlich die erste. Die politische Interpretation bezieht sich außerdem auf die Biographie Büchners, auf die politischen Verhältnisse seiner Zeit und bisweilen auch auf die historischen Umstände der Französischen Revolution viel eingehender als auf das Stück selbst. Die „existenzielle" Interpretation dagegen versucht, die Biographie Büchners aus den Überlegungen weitgehend herauszuhalten.

Einseitigkeit beider Interpretationsansätze

Man darf jedoch sicher nicht einfach ignorieren, dass Büchner ein radikaler Revolutionär war, der bei seinem politischen Engagement nicht primär das Fehlen bürgerlicher Freiheiten, sondern die Not der Ausgebeuteten im Auge hatte. Dass dieses sozial-revolutionäre Interesse durch einen Bruch in Büchners Biographie plötzlich beendet worden wäre (wie Viëtor meinte), ist nicht glaubhaft zu machen. Darüber hinaus ist das Ausklammern jeder politischen Dimension auch deshalb nicht akzeptabel, weil dafür der Stoff zu brennend aktuell war. Der Abstand zu den historischen Ereignissen betrug schließlich nur 40 Jahre, und die Ereignisse und Probleme der Revolution waren durch die Pariser Julirevolution von

Einwände gegen eine unpolitische Interpretation

1830 gerade wieder hoch aktuell geworden. (Zur Julirevolution vgl. S. 126 und 130)

Einwände gegen eine ausschließlich politische Interpretation

Andererseits hat im Mittelpunkt der Interpretation von *Dantons Tod* natürlich das Stück selbst zu stehen, und zwar das gesamte Stück. Ein typisches Kennzeichen für eine einseitige politische Interpretation ist es, wenn Julie und Lucile einfach ignoriert werden (wie beispielsweise bei Hauschild). Besonders Luciles Schluss-Szenen sind ja für die politisch einseitige Deutung hinderlich. Eine Theaterkritikerin der DDR hat deshalb 1959 zu bedenken gegeben, ob man nicht, damit das Schicksal Camilles und Luciles nicht „unverhältnismäßig viel Gewicht" erhalte, das Stück mit einem anderen Schluss enden lassen solle, am besten mit der Konventsrede des Saint-Just (Renate Zuchardt, zit. bei: Behrmann/Wohlleben, 1980, S. 166 f.). Das ist ein Extremfall, aber ein nicht ganz untypischer.

„Offene Dramaturgie"/ „Perspektivismus"

Interpreten, die das Stück in seiner Vollständigkeit im Auge behalten (und es nicht aus einer vorgefassten politischen Position betrachten), erkennen weder in Danton noch in Robespierre (und auch nicht im Volk) einen positiven Helden, eine Identifikationsfigur, sondern lassen die Widersprüche zwischen und in den Personen bestehen. Hinderer (1977) spricht von einer „offenen Dramaturgie" (in Analogie zur offenen Form, vgl. S. 87 ff.), Voges (1990) von „dramatischem Perspektivismus". Dabei lässt die Interpretation der offenen Dramaturgie verschiedene Nuancierungen zu.

Nicht-idealisierte Realität (Behrmann / Wohlleben)

Beide Hauptfiguren haben sowohl recht als auch unrecht

Behrmann und Wohlleben nehmen in ihrer ausführlichen, sehr gründlichen und ausgewogenen Dramenanalyse von 1980 Büchners eigene kunsttheoretische Äußerungen ernst, wonach Kunst „Leben, Möglichkeit des Daseins" zu geben habe. Eine solche Forderung nach einer nicht-idealisierenden Kunst bedeute, neben der Zulassung des Hässlichen, dass Unstimmigkeiten in keiner Weise verdeckt würden. „Die Widersprüchlichkeit als Eigenschaft von ‚Leben', die in der Kunst zu behandeln sei", äußere sich im *Danton*-Drama etwa „als Gegensatz in menschlichen Beziehungen, wozu auch der Selbstwiderspruch des einzelnen gehört" (S. 173).

> „Ist nun also Danton im Recht, Robespierre im Unrecht? Keineswegs. Beide stehen vielmehr in einer Konfiguration,

worin der eine gegen den andern – und jeder noch einmal gegen sich selbst – ins Recht und ins Unrecht gesetzt ist. Diese Konfiguration hat eine politische und eine menschliche Seite. Im Drama sind beide so ineinander gestaltet, dass es unzulässig scheint, die eine unter völligem Absehen von der andern zu isolieren. Doch ergibt sich für das Politische als entscheidender Befund, daß weder Danton noch Robespierre einen Weg angeben kann, auf dem die Revolution zu vollenden wäre. Danton verliert überhaupt kein Nachdenken daran. […] Das Fehlen eines politischen Programms wird seinen Kopf kosten. Robespierre glaubt, das Ausrotten der guten Gesellschaft brächte die Tugend und damit die soziale Gerechtigkeit von selbst an die Macht. Die nächste Folge seiner Politik wird sein, daß man ihn köpft." (Behrmann/Wohlleben, 1980, S. 167f.)

Ähnlich liest sich die Darstellung von Voges, für den beide Protagonisten und auch das Volk in ihrer Haltung unzureichend bleiben:

Perspektivische Darstellung (Voges)

„Büchners dramatische Autopsie der Französischen Revolution legt schonungslos die klassenbedingte Borniertheit der bürgerlichen Positionen frei. Sie demonstriert aber zugleich die Unfähigkeit des Volkes, die Rolle eines Subjektes im historischen Prozeß der Revolution zu übernehmen. Der politische Diskurs in *Dantons Tod* steht im Zeichen radikaler Ideologiekritik. Die irritierend perspektivische Darstellung des Volkes und der beiden bürgerlichen Fraktionen bleibt selbst allerdings ohne konkrete politische Perspektive. Das Scheitern der sozialen Revolution erscheint auf der Ebene des politischen Diskurses konsequent und unvermeidlich. Es bezeichnet den politischen Realismus des Autors, wenn der im historischen Modell vorgegebene objektive Widerspruch der bürgerlichen Revolution in Frankreich, die die soziale und politische Befreiung programmatisch fordert und praktisch vorenthält, nicht aufgelöst wird." (Voges, 1990, S. 8f.)

Klassenbedingte Borniertheit beider Hauptfiguren

Unzulänglichkeit des Volkes

Eine realistisch-ganzheitliche Interpretation des Stücks besagt nämlich nicht, dass man ihm jede politische Relevanz aberkennt. Henri Poschmann spricht in seiner aus sozialistischer Sicht geschriebenen, sehr anregenden Büchner-Monographie von 1983 dem Drama eine „kognitive Funktion" zu: „Das Drama bot sich als Spielmodell dafür an, geschichtliche Praxis probehalber nachzubilden und im Licht der [Büchner] interessierenden Fragen zu erhellen" (S. 91). Büchner durchdenkt also an

Kognitive Funktion des Dramas (Poschmann)

einem realistischen Modell gestaltend die Probleme, die ihn akut bedrängen: Möglichkeiten des politischen Lebens sozusagen.

Selbstbefragung Büchners

> „Der Verfasser stand zweifellos unter einem starken Ausdruckszwang, als er schrieb. Eben weil er ganz in der ‚Mitte der Sache' stand, war er als ganze Person betroffen, wurde ihm das Schreiben zuallererst zum Mittel der Selbstäußerung und Selbstbefragung, zum einzigen Mittel, die Vielzahl der auf ihn einstürmenden Fragen auszusprechen, und nicht zuletzt zum Versuch, sich aus subjektiver Bedrängnis zu befreien." (Ebd., S. 94)

Aufzeigen der Widersprüche

Hinterfragen der Haltungen

> „So sehr Büchner auf die unverklärte, unzensierte, unmißverstandene Realität aus ist, so sehr entfaltet er mit und mittels ihrer Darstellung zugleich das Bewußtsein der Problematik, die im Verhältnis zwischen Bild und Wirklichkeit steckt […]. Er setzt deshalb, um sich der Mitarbeit des Rezipienten dabei zu versichern, die ermittelten Fakten, die auftretenden Personen, ihre Handlungen und Ansichten der Prüfung aus. Sein Stück verlangt und fördert die Kritikfähigkeit des Aufnehmenden, indem es die Erscheinungen jeweils so wendet, daß der Widerspruch in ihnen aufscheint und sie ihre falsche Eindeutigkeit abstreifen. Es führt Rollen vor und hinterfragt sie zugleich und befragt seine eigenen Mittel, die der Sprache nicht zuletzt, auf ihre Verläßlichkeit." (Ebd., S. 102)

„Scheinbarer" Perspektivismus (Knapp, Hauschild)

Kritik an den Dantonisten

Keine Nuance dieser „offenen Dramaturgie", sondern etwas grundsätzlich anderes ist es, wenn man in *Dantons Tod* einen dramatischen Perspektivismus erkennen will, der alle Positionen im Drama nur „scheinbar gleichwertig" behandelt (so Knapp, 2000, S. 109; ähnlich Hauschild, 2004). Gemeint ist damit, dass Büchner bei scheinbarer Ausgewogenheit die Position der Dantonisten eindeutig verurteile. Das Stück sei „die Abrechnung eines radikalen Sozialrevolutionärs mit den bürgerlichen Revolutionsgewinnlern, dargestellt an einem dramatischen Beispiel" (Wender, 1987, S. 223).

Das liberale Programm der Dantonisten

Wender (1988, S. 230 ff.; so auch Knapp, 2000) hat darauf hingewiesen, dass das Programm, das die Dantonisten in I,1 vortragen, genau dem liberalen Programm entspricht, das nach Robespierres Sturz von den siegreichen liberalen Besitzbürgern vertreten wird und das 35 Jahre später nach der Julirevolution (vgl. dazu S. 130) wieder von den Besitzenden auf Kosten der Armen durchgesetzt wird. Büchner stand in seiner Zeit in der

Büchners politische Einstellung

Stellungnahme zu den Vorgängen in Paris und in seiner Heimat eindeutig auf Seiten der Armen, der sozial Benachteiligten. Man wird also wohl annehmen dürfen, dass Büchner dem liberalen Programm der Dantonisten skeptisch gegenüberstand. Es bleibt aber fraglich, wieweit eine Ablehnung dieses Programms in das Drama eingegangen ist.

Fragwürdige einseitige Belastung der Dantonisten

Gerhard P. Knapp entwirft in seiner Büchner-Darstellung 2000 ein Bild von größtmöglicher Danton-feindlicher Einseitigkeit, womit er nicht allein steht, aber dennoch letztlich nicht überzeugen kann. So soll bei ihm Robespierres Tugendbegriff auch eine soziale Dimension haben. Tatsächlich bleibt aber „soziale Revolution" in I,6 nur eine leere Worthülse, die sehr schnell durch „Tugend" und „Laster" ersetzt wird, und aus der phrasenhaften Anrede „Armes, tugendhaftes Volk" in I,2 sollte man keine Gleichsetzung von Armut und Tugend heraushören – das ist eher mitleidige Herablassung. Die korrupten Mitglieder von Wohlfahrtsausschuss und Revolutionstribunal erscheinen bei Knapp so weit von Robespierre getrennt, dass sie keine Belastung für ihn sein können. Aber immerhin arbeiten doch er und Saint-Just mit diesen Leuten zusammen, um die Dantonisten zu liquidieren. Die „Dimension des menschlichen Mitgefühls" (Knapp, S. 118) wird zwar angesprochen, bleibt aber sehr im Hintergrund. Julie und Lucile haben „in ihrer asexuellen und nur auf den Mann ausgerichteten Persönlichkeit" ein „Realitätsdefizit", so dass sie nicht geeignet scheinen, „sich selbst und ihrer Gefühle unentfremdete Menschen" darzustellen, als die Becker (1985, S. 88) sie – mit Recht – sieht. Und in den „Philosophiegesprächen" dürfte es weniger um die Behandlung philosophischer Positionen (etwa Spinozas) gehen als vielmehr um die Darstellung von Leiden und Verzweiflung angesichts des Todes.

Ausklammerung des Themas „Leid"

Diese Themen – Leid und Verzweiflung – werden übrigens gern von denjenigen Interpreten ausgeklammert, die aufgrund von Büchners Biographie die Darstellungsabsicht Büchners mit Sicherheit zu kennen meinen. Vom dritten und vierten Akt bleibt dann – da man von den korrupten Robespierre-Freunden auch nicht viel redet – sozusagen nur die Szene III,10, die dabei oft auch noch so dargestellt wird, als sei das Volk von vornherein und einhellig gegen Danton.

„Drama der unmenschlichen Geschichte" (Ueding)

Von einer anderen Bewertung des Verlaufs der Französischen Revolution ausgehend, kommt Cornelie Ueding in ihrem sehr anregenden Aufsatz „*Dantons Tod*. Drama der unmenschlichen Geschichte" zu einer erheblich anderen Interpretation des Dramas. Nicht Danton oder Robespierre verhindern aus ihrer Sicht die Fortsetzung der Revolution zum sozialen Umbruch, sondern das Volk selbst, das einer solchen Veränderung noch nicht gewachsen ist:

Fehlende Bewusstheit des Volkes

Unzeitgemäßheit Dantons und Robespierres

Menschenverachtung der Revolution

> „Ob man die Volksszenen nun illusionslos oder realistisch nennt: sie zeigen auch ein Zerrbild des Volkes, eines Volkes ohne Klassenbewußtsein, ohne Begriff von seiner historisch möglichen Rolle […]; sie zeigen, daß objektiv der historische Zeitpunkt für eine soziale Revolution noch nicht gekommen war. Absicht und Methoden Dantons und Robespierres scheitern in Büchners Stück auch daran, daß sie die richtige Alternative zur bürgerlichen Revolution zum historisch falschen Zeitpunkt ins Werk setzen wollen: ohne das sie tragende Subjekt der Geschichte. Was sich statt dessen auf allen Ebenen im Namen der Revolution äußert, ist die schiere ungeschminkte Menschenverachtung. Die bürgerliche Revolution […] hat eine negative Gleichheit geschaffen: vor der Guillotine. Für die Würde des Menschen wurde nichts gewonnen. Ihre Fortführung um jeden Preis und mit allen Mitteln [nämlich durch Robespierre] erweist sich als Scheinalternative zum tatenlosen Eingeständnis ihres Scheiterns [durch Danton]. Büchner kritisiert also durch das Stück eine Geschichtsauffassung, die das Erbe der aufklärerischen Fortschrittsgläubigkeit angetreten hat.
> […]
> Geschichte, wo sie in Dantons Tod konkrete Wirkung zeigt, ist Gewalt, die den Menschen angetan wird." (S. 217–219)

Selbstverstümmelung des Menschen

Diese Gewalt der „unmenschlichen Geschichte" zwingt zur Selbstverstümmelung, zur Aufgabe jeglicher Individualität, zum Verzicht auf „die lebendigen Bedürfnisse und Wünsche des Menschen" (S. 220).
Bei dieser Sicht haben die Frauen eine Bedeutung, die ihnen von den linken Interpreten gewöhnlich vorenthalten wird:

> „Lucile, Julie und vor allem auch Marion tun, was Danton in seiner Bejahung von Genuß und Sinnenfreude vergebens erstrebt: die Rechte des Lebens gegen eine Geschichte durchsetzen, die keine menschliche Geschichte ist. In der Selbstzerstörung liegt die Negation der Negation individuel-

len Leids und Glücks, das Aufbegehren gegen die falsche Alternative zwischen lebenswertem und weniger lebenswertem Leben. [...]

Möglichkeit der Liebe als Gradmesser der Revolution

Die Möglichkeit der Liebe ist in Büchners Stück der Gradmesser für die humanen Errungenschaften der Revolution. Das heißt aber, daß recht eigentlich erst die Liebe Dantons Tod zu einem Geschichtsdrama von Rang macht, zu einem Revolutionsstück, dessen Bedeutung sich nicht in der Vergegenwärtigung divergierender Interessen und Standpunkte erschöpft. Daß aber der privateste und intensivste Traum vom Glück sich immer wieder auf den Tod verwiesen sieht, nur ins Bild, ins sprachliche Grenzgebiet zum Verstummen gesetzt, aber nicht gelebt zu werden vermag, zeugt gegen den Zustand der sozialen Gemeinschaft, gegen die Entwicklung der Revolution, die einmal im Namen des Menschen angetreten war. Im Namen der Republik wird am Ende des Dramas Lucile, die große Liebende, auf den Weg zum Tode gebracht: es läßt sich kaum eine radikalere Absage an eine solcherart pervertierte Revolution denken, aber auch kaum ein dringlicherer Appell für eine Gesellschaft, in der Leben und Liebe eins wären." (S. 223–225)

Der historische Hintergrund des *Danton*-Dramas

KURZINFO

- 1793:
  - Das Revolutionstribunal wird oberstes Gericht.
  - Der Wohlfahrtsausschuss wird Exekutivorgan des Nationalkonvents; führend ist Robespierre.
  - Hinrichtung der Girondisten. Erklärung der Terreur-Politik.
  - Seit Dezember 1793 will Danton eine weitere Radikalisierung der Revolution verhindern.
- 1794:
  - März: Hinrichtung der Hébertisten als Linksabweichler. Verhaftung Dantons und seiner Freunde; Hinrichtung im April.
  - Juli: Hinrichtung Robespierres und seiner Anhänger.
- Die Pariser Julirevolution 1830
  - 1830 vertreiben Industriebürger und Pariser Kleinbürger den konservativen König Karl X.
- Die politischen Gremien und Gruppierungen zur Zeit der Dramenhandlung (1793/94)
  - Nationalkonvent – Parlament der Republik Frankreich.
  - Kommune – Gemeinderat der Stadt Paris.
  - Jakobiner, Girondisten – politische Diskussionsklubs.
  - Sansculotten – radikales Pariser Arbeitervolk.

Die Französische Revolution in den Jahren 1789–94

Vor 1789 Die absolutistische Herrschaft Ludwigs XIV. und Ludwigs XV. und das Fortbestehen überholter gesellschaftlicher Verhältnisse haben die Staatsfinanzen Frankreichs völlig zerrüttet. Ludwig XVI. (König seit 1774) versucht Reformen; für eine grundsätzliche Neuordnung des Steuersystems braucht er die Zustimmung der Generalstände, die er deshalb für 1789 nach Versailles einberuft. Geistige Voraussetzung der Revolution ist die Verbreitung der Ideen der Aufklärung beim Bürgertum, aber auch beim liberaleren Teil der Aristokratie. Wichtig ist Montesquieus Gedanke der Gewaltenteilung, noch wichtiger Rousseaus Idee der Volkssouveränität und der Begründung des Staats durch einen „Gesellschaftsvertrag". Die Tugend- und Erziehungstheorie Rousseaus hat großen Einfluss auf das Denken Robespierres (vgl. I,1).

Die Generalstände proklamieren sich alsbald zur Nationalversammlung; d. h. anstatt dass die Vertreter der drei Stände – Adel, Geistlichkeit, Dritter Stand – getrennt beraten, erklären sich zunächst die Abgeordneten des Dritten Standes, die Vertreter des Bürgertums, zur einheitlichen Vertretung der ganzen Nation, die die gemeinsamen Probleme gemeinsam berät. Die Nationalversammlung beginnt eine Verfassung auszuarbeiten. **1789**
14. Juli 1789: Sturm auf die Bastille. Als der König die Arbeit der Nationalversammlung in Versailles behindert, stürmen und zerstören die Volksmassen in Paris die Bastille. Die Initiative zum Bastille-Sturm geht von Camille Desmoulins aus. Das Ereignis markiert den Ausbruch der Revolution. Überall im Land kommt es zu Bauernaufständen; in den Städten bildet das revolutionäre Bürgertum Komitees und Nationalgarden, viele Adlige emigrieren ins Ausland.

Arbeit der Nationalversammlung: Erklärung der Menschen- und Bürgerrechte; Aufhebung des Feudalsystems; Aufhebung der Orden und Klöster; Verstaatlichung der Kirchengüter; u. a.
„Weiberzug nach Versailles“: Der König wird vom Pariser Volk gezwungen, von Versailles nach Paris zu ziehen; die Nationalversammlung folgt dorthin. Das ist nach dem Bastille-Sturm das zweite Mal, dass die revolutionären Massen von Paris den Lauf der Ereignisse bestimmen. Von nun an ist das Parlament in Paris direkt dem Einfluss des Volkes ausgesetzt.

Tiefgreifende Umgestaltung Frankreichs durch Beschlüsse der Nationalversammlung. Lebhafte Diskussion in der politischen Presse, jedoch keine markanten Einzelereignisse. **1790**

Ein Fluchtversuch des Königs und seiner Familie wird vereitelt. Der König wird suspendiert. Aber trotz einer u. a. von Danton organisierten Massenversammlung auf dem Marsfeld im Juli 1791 (vgl. II,7 und III,4), bei der es um eine Petition zur Abschaffung der Monarchie geht, wird der König von den in der Nationalversammlung noch vorherrschenden königstreuen Gemäßigten wieder eingesetzt. **1791**

Die von der verfassunggebenden Versammlung erarbeitete Verfassung tritt in Kraft. Frankreich ist konstitutionelle Monarchie, der König behält nur das Recht zu einem aufschiebenden Veto (vgl. I,2). In der neu gewählten (gesetzgebenden) Nationalversammlung hat das Bürgertum die Majorität, und zwar zunächst das Besitzbürgertum. Doch wird unter den bürgerlichen Deputierten der revolutionäre Flügel (Girondisten, Jakobiner) mehr und mehr tonangebend.

1792 Von den Girondisten durchgesetzte Kriegserklärung an Österreich und Preußen, die unter dem Einfluss der französischen Emigranten mit Intervention zugunsten der Monarchie gedroht haben (Koalitionskrieg 1792–97). Der zunächst für Frankreich ungünstige Kriegsverlauf schürt das Misstrauen gegen Ludwig XVI., vor allem seit ein Manifest des Oberbefehlshabers der Koalitionstruppen mit strenger Strafandrohung gegen die Pariser die Wiederherstellung der Autorität des Königs fordert.
10. August 1792: Erstürmung der Tuilerien (vgl. I,3; II,7; III, 4 und 10). Die Pariser Massen stürmen den Wohnsitz des Königs in Paris und setzen die königliche Familie gefangen; das Königtum wird suspendiert. Das ist der Beginn einer neuen Phase der Revolution; eine neue Welle der Emigration des Adels beginnt. Die Regierungsgewalt geht an einen neuen Ministerrat über, in dem Danton Justizminister ist.
2.–6. September 1792: Septembermorde (vgl. I,3; II,5 und 7; III,4,6 und 10). Nachdem die österreichisch-preußische Koalitionsarmee sich bedrohlich Paris genähert und die Festung Verdun erobert hat, kommt es in den Pariser Gefängnissen zu einem Massaker an über 1000 Verdächtigen (Adligen, Royalisten, Geistlichen) durch die Pariser Massen. Danton hat (im Gegensatz zur Darstellung Büchners) die Septembermorde nicht veranlasst, allerdings hat er, der Justizminister, sie auch nicht zu verhindern versucht.
Nach der erfolglosen Kanonade von Valmy (bei Verdun) muss sich die Koalitionsarmee zurückziehen; die französischen Revolutionstruppen dringen über den Rhein vor. Die akute Gefahr einer ausländischen Invasion ist gebannt. Der neu gewählte Nationalkonvent besteht nur aus Republikanern. Wachsender Einfluss der Bergpartei;

die Girondisten geraten infolge der zunehmenden Radikalisierung der Revolution immer mehr nach rechts.
Abschaffung des Königtums: Frankreich wird Republik.

Januar 1793: Hinrichtung Ludwigs XVI. (vgl. I,2 und III,4) als „Bürger Louis Capet", nachdem ihn der Nationalkonvent wegen Landesverrats verurteilt hat. Die Verurteilung und Hinrichtung der Königin folgt im Oktober. **1793**
Reaktionen auf die Hinrichtung des Königs und die Radikalisierung der Revolutionsregierung: Aufstände von Royalisten und Girondisten in der Vendée und in verschiedenen Städten, u. a. in Lyon, wo der radikale Jakobiner Chalier hingerichtet wird (vgl. I,3). Die Aufstände ziehen sich bis in den Herbst und werden dann mit Massenexekutionen bestraft.
England und andere Länder treten der Koalition gegen Frankreich bei. Eine englische Blockade erschwert die Getreidezufuhr. In Paris steigen die Brotpreise; die Hauptstadt ist von Hungersnot bedroht (vgl. I,2 und III,10).
März 1793: Das Revolutionstribunal wird eingesetzt, auf Betreiben u. a. von Danton (vgl. III,3). Gegen die Urteile dieses Gerichts gibt es keine Berufung.
April 1793: Der Wohlfahrtsausschuss wird als Exekutivorgan des Nationalkonvents geschaffen (vgl. I,1; I,4; III,9 und 10). Er zählt 9 Mitglieder; der Ausdruck „Dezemvirn", Zehnmännerkollegium, ist also ungenau. Führend im Wohlfahrtsausschuss wird alsbald Robespierre, der den Ausschuss zum Instrument seiner Diktatur ausbaut.
31. Mai – 2. Juni 1793: Verhaftung von girondistischen Abgeordneten auf Beschluss des Nationalkonvents, der von revolutionären Pariser Massen belagert und unter Druck gesetzt wird (es handelt sich um einen Staatsstreich des Volkes gegen die Volksvertretung; vgl. I,3; II,1 und 7). Weitere Girondisten werden aus dem Konvent ausgeschlossen. Im Oktober werden die zweiundzwanzig prominentesten Girondisten verurteilt und guillotiniert (vgl. I,2 und III,1); die Gironde ist damit politisch ausgeschaltet.
Juli 1793: Marat, einer der führenden radikalen Politiker, wird von der Aristokratin Charlotte Corday ermordet.
Die im Sommer 1793 fertiggestellte republikanisch-demokratische Verfassung, die im Wesentlichen auf Hé-

rault-Séchelles zurückgeht (vgl. I,6), tritt nicht in Kraft, da die gespannte politische Lage eine Notstandsregierung zu fordern scheint.
September 1793: Hungeraufstand in Paris (vgl. I,2). Bewaffnete Sansculotten erzwingen die Aufnahme ihrer Vertrauensmänner Collot und Billaud in den Wohlfahrtsausschuss und fordern Maßnahmen gegen die wirtschaftliche Not (vgl. III,6).
September 1793 – Juli 1794: Dauer der Schreckensherrschaft (*La Terreur*), seitdem der Wohlfahrtsausschuss auf Anregung Robespierres sich zum Terror als Regierungsmittel bekannt hat (vgl. I,2/3).
Entchristianisierungs-Bestrebungen der Hébertisten (vgl. I,3) und der Commune de Paris, gipfelnd in einem „Tedeum der Vernunft“ in Notre-Dame.
Seit Dezember 1793: Danton will die weitere Radikalisierung der Revolution verhindern. Zusammenarbeit mit Camille Desmoulins (vgl. I,1), der in seiner Zeitung *Le vieux Cordelier* („Der alte Franziskaner“; vgl. etwa I,6) die Ultra-Radikalen um Hébert und Chaumette angreift, die Terrorherrschaft Robespierres mit dem Despotismus der römischen Kaiser Tiberius, Caligula und Nero vergleicht (vgl. I,3) und die Einsetzung eines Gnadenausschusses verlangt (vgl. I,1 und III,1).

1794 März 1794: Robespierre setzt die Verhaftung der Hébertisten durch. Hébert und die wichtigsten seiner Anhänger werden am 24. März hingerichtet (vgl. I,1) – mit diesem Datum beginnt Büchners Drama.
Nach der Ausschaltung der Linksabweichler ist die Auseinandersetzung Robespierres mit den Rechtsabweichlern, d. h. mit den Gemäßigten um Danton, vorprogrammiert.
31. März 1794: Verhaftung Dantons und seiner Freunde (vgl. II, 3,6 und 7); 1.–4. April drei Verhöre; 5. April Hinrichtung.
28. Juli 1794 (10. Thermidor nach dem republikanischen Kalender): Enthauptung Robespierres (vgl. III,6), Saint-Justs und 21 ihrer Anhänger. Am folgenden Tag wird fast der gesamte Pariser Stadtrat als Hausmacht Robespierres guillotiniert.

Mit dem Tod Robespierres endet die radikal-demokratische Phase der Französischen Revolution. Die Direktorialverfassung von 1795 orientiert sich wieder an den Interessen des Besitzbürgertums.

Die Pariser Julirevolution 1830

Nach dem Scheitern der Revolution und der Niederlage Napoleons wird 1814 Ludwig XVIII. aus dem Haus Bourbon als neuer König eingesetzt. Nach seinem Tod folgt ihm 1824 der ultrakonservative Karl X. Dieser erlässt ein neues Wahlrecht, durch das das Industriebürger-tum von der Mitsprache ausgeschlossen wird. Darauf-hin kommt es 1830 zur Julirevolution in Paris. Mit den liberalen Industriebürgern verbünden sich die Pariser Kleinbürger, die am Rand der wirtschaftlichen Existenz leben; in Barrikadenkämpfen wird Karl X. gestürzt. Die städtischen Revolutionäre fordern die Republik, doch die liberalen Großbürger setzen eine konstitutionelle Monarchie unter Louis Philippe durch und bringen so das einfache Volk um den Erfolg seiner Revolution.

Die politischen Gremien und Gruppierungen zur Zeit der Dramenhandlung (1793/94)

Die Republik Frankreich

hat ihre parlamentarische Vertretung im Nationalkonvent, der aus allgemeinen Wahlen im Herbst 1792 hervorgegangen ist. Als Regierung nehmen Ausschüsse des Konvents die Exekutive wahr. Am wichtigsten ist der Wohlfahrtsausschuss. Das höchste Gericht ist das von Danton im März 1793 geschaffene Revolutionstribunal, das nur auf Tod oder Freispruch erkennt.
Im Konvent gibt es zwar keine eigentlichen Fraktionen mit fester Parteizugehörigkeit, doch gibt es politische Gruppierungen, die nach der Sitzordnung benannt werden, wobei die Deputierten nicht rechts oder links sitzen, sondern weiter unten oder weiter oben auf den ansteigenden Bänken: im Tal (in der „Plaine“) sitzen die Gemäßigten; die Deputierten des Bergs (der „Montagne“) sind die Radikalen.

Die Stadt Paris

mit ihren revolutionären Massen, die gemäß ihrer sozialen Lage sehr viel radikaler sind als der im Prinzip bür-

gerlich orientierte Nationalkonvent, nimmt seit Beginn der Revolution immer wieder direkten Einfluss auf die Geschicke der ganzen Nation (Bastille-Sturm, Umquartierung von König und Parlament von Versailles nach Paris, Erstürmung der Tuilerien, Liquidierung der Girondisten). 1789 hat sich in Paris in einem revolutionären Akt eine Stadtregierung etabliert. Die Stadt ist in 48 Sektionen eingeteilt, aus deren Komitees Vertreter in den Gemeinderat, die Kommune, gewählt werden.
An der Spitze des Gemeinderats steht ein Prokurator; seit 1792 ist Chaumette Prokurator, Hébert sein Stellvertreter. Nach der Beseitigung der Hébertisten ist Robespierre das Haupt der Kommune. Allerdings kann er sich in und gegenüber der Kommune nur behaupten, indem er sich selbst zu einer zunehmend radikaleren Politik drängen lässt. Robespierres Sturz reißt dann fast die ganze Kommune mit sich.

Die politischen Klubs

wzentren fungieren – also in etwa Vorläufer der heutigen Parteien. Ihre Namen haben diese Klubs von den aufgelösten Ordensklöstern, in denen sie tagen.
Die Jakobiner sind der älteste Klub, ursprünglich eine Gruppierung der demokratischen Mitte. Dann spalten sich die Jakobiner in einen Girondisten-Flügel und in einen Montagne-Flügel, der unter Führung von Robespierre und Saint-Just die radikale Politik der Pariser Kommune vertritt. Nach der Hinausdrängung der Girondisten werden die Jakobiner zu den Radikalen, als die sie bekannt sind.
Die *Cordeliers* („Franziskaner"), gegründet von Danton, sind links von den Jakobinern angesiedelt. Zu ihnen gehören u.a. Danton, Marat, Desmoulins, Legendre, Hébert. Sie geraten dann ganz unter den Einfluss plebejischer Kräfte um Hébert, der Hébertisten. Die Gemäßigten distanzieren sich; Camille Desmoulins nennt seine Zeitung den „Alten Franziskaner", d.h. das Sprachrohr der ursprünglichen Cordeliers vor Hébert.

Die Sansculotten

Sansculotten, wörtl.: „Ohnehosen", werden Leute genannt, die nicht die für die Adligen charakteristischen Kniehosen mit Seidenstrümpfen tragen, sondern die langen Hosen des arbeitenden Volks. Die Sansculotten sind eine kollektivistische Bewegung des Pariser Stadtvolks. Sie vertreten – oft im Gegensatz zum wesentlich besitzbürgerlich orientierten Konvent – die Interessen der unteren Schichten (Kleinbürger, Handwerker usw.). Von ihnen kommen deutliche Forderungen nach einer sozialen Revolution (während z. B. auch Robespierre nie das Eigentumsrecht in Frage stellt). Mit ihren roten Mützen, der Pike in der Hand, dem brüderlichen Du und ihrer Tugendhaftigkeit verkörpern die Sansculotten geradezu die Umkehrung der aristokratischen Gesellschaft. Ihre politische Heimat haben die Sansculotten am ehesten in der Pariser Kommune, in der direkten Demokratie, die in deren Sektionen praktiziert wird.

Georg Büchner: seine Zeit – sein Leben – seine Werke

KURZINFO

- Büchner wurde 1813 bei Darmstadt geboren.
- Beim Medizinstudium in Straßburg Bekanntschaft mit der sozialistischen Opposition gegen den französischen „Bürgerkönig".
- Während des Studiums an der Heimatuniversität Gießen genaues Studium der Französischen Revolution; „zernichtender" Eindruck (Fatalismus-Brief). Gleichzeitig intensive illegale revolutionäre Tätigkeit. Verteilung der revolutionären Flugschrift „Der Hessische Landbote".
- Unter dem Eindruck der Pariser Julirevolution 1830 gab es in Deutschland Unruhen und verschiedene Aufstände. Büchner gehörte zum sozial orientierten Flügel der Oppositionsbewegungen.
- In der Zeit verstärkter Untersuchungen gegen die Revolutionäre entsteht 1835 *Dantons Tod*.
- Doktorwürde in Zürich und Übernahme einer Dozentenstelle dort (Grenzgebiet zwischen Biologie und Philosophie)
- 1837 Tod Büchners (mit 23 Jahren) an einer Typhusinfektion.
- Büchners Werke nach *Dantons Tod*: Das Lustspiel Leonce und Lena; das Fragment *Woyzeck* (erstes deutsches soziales Drama); die Erzählung Lenz.

Die politischen Verhältnisse zur Zeit Büchners

Napoleonische Zeit

Bald nach der Beendigung der jakobinischen Phase der Französischen Revolution durch die Hinrichtung Robespierres begann der Aufstieg Napoleons (Staatsstreich 1799, Kaiserkrönung 1804) und die Eroberung fast ganz Europas in den napoleonischen Kriegen. 1812/13 folgte der Rückschlag mit den Befreiungskriegen der von Napoleon unterworfenen Völker (1813 die Niederlage Napoleons in der „Völkerschlacht bei Leipzig"); 1815 wurde Napoleon nach seinem „Kaisertum der 100 Tage" endgültig besiegt.

Befreiungskriege

Restauration in Deutschland

Den Deutschen brachte die Befreiung nicht die erhoffte Freiheit. Errungenschaften wie die Garantie der Menschenrechte und der bürgerlichen Rechte im „Code Napoléon" gingen wieder verloren. Beim Wiener Kongress 1814/15 wurden unter dem Einfluss des österreichischen Staatskanzlers Metternich die europäischen Verhältnisse nach der Französischen Revolution im Geist einer starren Restauration (d.h. der Wiederherstellung des vorrevolutionären Zustands) neu geordnet, was für viele der vormals besetzten Gebiete, z.B. Büchners Heimat, das Großherzogtum Hessen-Darmstadt, ein merklicher Rückschritt war. Die Heilige Allianz zwischen Österreich, Preußen und Russland sollte den Frieden sichern, vor allem aber alle revolutionären Bewegungen unterdrücken, denn gegen die Restauration regte sich Widerstand, zumal in bürgerlichen und akademischen Kreisen. Wichtigste Unterdrückungsmaßnahmen waren die Karlsbader Beschlüsse (1819), mit strengen Zensurbestimmungen gegen Versammlungs-, Rede- und Pressefreiheit, und die durch sie ermöglichten „Demagogenverfolgungen".

Karlsbader Beschlüsse; Demagogenverfolgungen

In Frankreich erregte Karl X. (König seit 1824) mit seiner Restaurationspolitik wachsende Missstimmung, die sich schließlich in der Pariser Julirevolution von 1830 entlud. Karl X. musste dem liberal-demokratischen Louis Philippe weichen, der als „Bürgerkönig" die „goldenen Tage der Bourgeoisie" herbeiführte, d.h. die Interessen der Bankiers und Fabrikanten wahrnahm. Diese Politik ließ die sozialen Probleme unberücksichtigt oder versuchte sie mit Gewalt zu unterdrücken.

Restauration in Frankreich; Pariser Julirevolution 1830

Unter dem Eindruck der Pariser Julirevolution gab es in Deutschland verschiedene Aufstände, getragen meist von hungernden Handwerkern und Bauern. In Hessen wurde ein Bauernaufstand bei dem Dorf Södel vom Militär niedergeschlagen (1830). Das „Blutbad von Södel" hatte auf Büchners revolutionäres Denken großen Einfluss.

Bauernaufstand in Hessen

In diese politischen Verhältnisse also fiel Büchners Lebenszeit. Es herrschte eine Restauration, die von einem großen Stab von Polizei und Spitzeln gestützt wurde. Allerdings regte sich auch Widerstand, und zwar einerseits von bürgerlichen Liberalen, denen es um verfassungsmäßige Rechte und wirtschaftliche Freiheiten ging und die in Frankreich den „Bürgerkönig" an die Macht brachten; andererseits von den Hungernden, die für menschenwürdige Lebensbedingungen kämpften. Büchner gehörte in dieser Oppositionsbewegung zum sozial orientierten, ‚sozialistischen' Flügel, trotz seiner Herkunft aus gutbürgerlichen Verhältnissen.

Die politische Atmosphäre der Büchner-Zeit

Büchners Leben und Werke

Geburt Büchners 1813 bei Darmstadt

Georg Büchner wurde am 17. 10. 1813 in Goddelau bei Darmstadt, der Residenzstadt des Großherzogtums Hessen-Darmstadt, geboren. Der Vater war Arzt, hatte lange als Militärarzt unter Napoleon gedient, blieb auch zeit seines Lebens ein Anhänger Napoleons (wodurch Büchner schon früh auf die Revolutionsgeschichte hingewiesen wurde), hielt aber im Übrigen streng loyal zu seinem Staat.

Medizinstudium in Straßburg 1831–33

1831 begann Büchner das Medizinstudium in Straßburg. Hier machte er Bekanntschaft mit den demokratischen Kräften, die im Vorjahr den Sturz Karls X. erreicht hatten, und mit den Anfängen der sozialistischen Opposition gegen die bourgeoisiefreundliche Politik des „Bürgerkönigs“ Louis Philippe. Büchners Briefe aus dieser Zeit bezeugen lebhaftes politisches Interesse. Seinen Bekannten erschien er einigermaßen radikal. In Straßburg wohnte Büchner bei dem protestantischen Pfarrer Jaeglé, mit dessen Tochter Minna (d. i. Wilhelmine) er sich später verlobte (offiziell 1834).

Studium in Gießen 1833/34

Studien über die Französische Revolution (Fatalismus-Brief)

Um sein Studium abzuschließen, musste Büchner 1833 an die Heimatuniversität Gießen überwechseln, wo er unter der bedrückenden Enge und Restaurationsmentalität, aber auch unter der Trennung von der Braut schwer litt. Anfang 1834 trieb er intensive Studien über die Französische Revolution, offenbar um aus deren Analyse Richtlinien für sein eigenes Handeln zu gewinnen. Unter dem „zernichtenden“ Eindruck dieser Studien steht der Fatalismus-Brief an die Braut (März 1834). Doch trotz dieses deprimierenden Ergebnisses hinsichtlich der Möglichkeiten politischen Handelns begann Büchner ungefähr gleichzeitig eine intensive illegal-revolutionäre Tätigkeit. Im März 1834 gründete er nach französischem Vorbild in Gießen und etwas später in Darmstadt eine geheime „Gesellschaft der Menschenrechte“. Das war die erste frühkommunistische Geheimgesellschaft in Deutschland, in der man sich politischer Schulung widmete („Krieg gegen die Reichen!“ und „alles Vermögen ist Gemeingut“ waren Slogans der Gruppe); man unternahm aber durchaus auch Schießübungen.

Gründung einer illegalen „Gesellschaft der Menschenrechte“

Bekanntschaft mit Rektor Weidig

Bei dem Bemühen, Kontakte zu anderen revolutionären Gruppen zu knüpfen, stieß Büchner auf den Rektor und

Pfarrer in Butzbach, Friedrich Ludwig Weidig, eine zentrale Gestalt der hessischen Oppositionsbewegung, der selbst eine mittlere und deshalb auch vermittelnde politische Richtung vertrat. Büchner, in der weit radikaleren Überzeugung, dass eine Revolution von den Massen des Volkes getragen sein müsse, hielt es für notwendig, durch Agitation das Bewusstsein der Bauern für ihre Lage zu wecken. Da Weidig geheimen Zugang zu einer Druckpresse in Offenbach hatte, bot sich hier eine Wirkungsmöglichkeit. So verfasste Büchner 1834 die revolutionäre Flugschrift *Der Hessische Landbote*, einen Text von ungeheurer agitatorischer Zugkraft, der mit seiner Losung „Friede den Hütten! Krieg den Palästen!“ zum Kampf gegen die Reichen aufrief. Weidig akzeptierte den *Hessischen Landboten* nur unter der Bedingung einer entschärfenden Bearbeitung; vor allem machte er aus dem Angriff auf „die Reichen“ durchgehend einen auf „die Vornehmen“ (ersetzte also das soziale Anliegen der Hungernden durch einen Mitbestimmungsanspruch des Bürgertums) – eine Änderung, über die Büchner sehr ungehalten gewesen sein soll. *Der Hessische Landbote* wurde in Offenbach gedruckt. Das Unternehmen war aber durch einen Spitzel verraten worden, und so wurde einer der Abholer der gedruckten Exemplare festgenommen. Die übrigen Beteiligten konnte Büchner noch rechtzeitig warnen. Obwohl die Behörden also einen Teil der Auflage beschlagnahmt hatten und die Verteilung des Rests zu verhindern versuchten, war der *Hessische Landbote* nicht ohne Wirkung. Die Resonanz der Flugschrift veranlasste die Verschwörer zu einer zweiten Auflage noch im gleichen Jahr.

Büchners revolutionäre Flugschrift *Der Hessische Landbote*

Beschlagnahmung des *Landboten*; Verfolgung der Konspirateure

Büchners Zimmer in Gießen war in seiner Abwesenheit polizeilich durchsucht worden. Doch die Dreistigkeit, mit der der vorgeblich unschuldige Büchner gegen diese Maßnahme protestierte, irritierte den Universitätsrichter so sehr, dass er die bereits angeordnete Verhaftung vorerst nicht zu vollziehen wagte. Wegen verstärkter polizeilicher Untersuchungen in Gießen hielt Büchner sich aber seit September 1834 in Darmstadt bei den Eltern auf, wo er sich im Labor des Vaters auf das Examen vorbereitete, nebenher aber auch an der Organisations- und Aktionsbasis und am politischen Programm der Darmstädter „Gesellschaft der Menschenrechte“ arbei-

Aufenthalt im Elternhaus in Darmstadt 1834/35

tete. Außerdem trieb er erneut Studien zur Französischen Revolution. Anfang 1835 weiteten sich die polizeilichen Nachforschungen immer mehr aus, so dass ständig die Gefahr drohte, dass sie auch auf Büchners Spur führen würden. Im Januar 1835 wurde Büchner zweimal als Zeuge vor den Untersuchungsrichter geladen.

Abfassung von *Dantons Tod* Januar/Februar 1835

In dieser Zeit fortwährenden Bedrohtseins schrieb Büchner von Mitte Januar bis Mitte Februar 1835 *Dantons Tod*. Am 21. Februar schickte er das Manuskript an Karl Gutzkow, den Herausgeber einer Literaturzeitschrift. Die Buchausgabe des Stücks erschien im Juli 1835, zum Ärger Büchners mit vielen Änderungen (vor allem zwecks Beseitigung der ‚Unanständigkeiten'). Anfang März 1835 floh er über die Grenze nach Straßburg. Kurz darauf wurden politische Freunde Büchners und auch der Rektor Weidig verhaftet. Im Juni erging ein Steckbrief gegen Büchner.

Flucht nach Straßburg im März 1835

In Straßburg Arbeit an *Lenz*, *Leonce und Lena* und *Woyzeck*

In den $1^1/_2$ Jahren in Straßburg widmete sich Büchner neben seinen Studien weiter der literarischen Tätigkeit. Ende 1835 entstand das Fragment der Erzählung *Lenz*, 1836 das Lustspiel *Leonce und Lena* (ein satirisch-schwermütiges Spiel zwischen marionettenhaft agierenden Personen) und in den Sommer 1836 fällt wohl auch der Beginn der Arbeit an dem Drama *Woyzeck*, das er aber bis zu seinem Tod nicht vollenden konnte.

Andererseits arbeitete Büchner in der Straßburger Zeit intensiv am Aufbau einer wissenschaftlichen Karriere auf dem Grenzgebiet zwischen Biologie und Philosophie. Von intensiven philosophischen Studien zeugen umfangreiche Exzerpte und Notizen. Die naturwissenschaftlichen Studien führten zu einer (französischen) Dissertation „Über das Nervensystem der Barben" (einer Karpfenart), für die ihn die Straßburger naturwissenschaftliche Gesellschaft zum korrespondierenden Mitglied machte und für die er im Herbst 1836 von der Universität Zürich die Doktorwürde erhielt.

Wissenschaftliche Karriere: Dissertation „Über das Nervensystem der Barben"

1836 Dozent an der Universität Zürich

Die Universität Zürich bot ihm auch eine Dozentenstelle. Bei der Übersiedlung in die Schweiz hatte der passlose Emigrant Büchner einige Schwierigkeiten (die liberaleren Nachbarn der deutschen Staaten waren ständig in Sorge, wegen der Aufnahme von Asylbewerbern Ärger zu bekommen); doch im Oktober 1836 konnte er nach einer Probevorlesung „Über Schädelnerven" seine Tätigkeit in Zürich aufnehmen. Er las im Wintersemester über vergleichende Anatomie der Fische und Amphibien und plante für den Sommer eine Philosophie-Vorlesung. Doch wenige Monate nach dem Beginn dieser allem Anschein nach glänzenden wissenschaftlichen Laufbahn starb Büchner. Am 19. Februar 1837 erlag er im Alter von nur 23 Jahren einer Typhusinfektion. Vier Tage nach Büchners Tod beging übrigens Weidig, der noch immer unter unmenschlichen Bedingungen in Darmstadt in Untersuchungshaft saß, im Gefängnis Selbstmord.

Probevorlesung „Über Schädelnerven"

1837 Tod Büchners

Von Büchners Dichtungen wurde zu seinen Lebzeiten nur *Dantons Tod* gedruckt (in stark bearbeiteter Fassung). *Leonce und Lena* blieb ungedruckt liegen. Die Erzählung *Lenz* und vor allem das Drama *Woyzeck* liegen nur als Fragmente vor. Bei letzterem Werk ist der Fragmentcharakter so stark, dass eine Vielzahl verschiedenartiger Textherstellungen versucht worden ist.

Büchners Werke

Lenz schildert den Abschnitt aus dem Leben des Sturm-und-Drang-Dichters Jakob Michael Reinhold Lenz, als sich dieser in einer Phase zunehmender psychischer Selbstzerstörung bei dem Pfarrer Oberlin im Elsass aufhielt, dessen Rechenschaftsbericht über diesen Aufenthalt Büchner in Straßburg bei Bekannten kennen lernte. Die individuelle Geisteskrankheit wird von Büchner so dargestellt, dass sie zur Reflexion des heillosen Zustands der Welt wird. Die Erzählung ist von großem Realismus in der Wiedergabe der Einzelheiten, der Beobachtung der Seelenzustände, der Illusionslosigkeit, doch wird die Objektivität oft unvermittelt gesprengt durch Einschübe von absurder Subjektivität aus der Perspektive des Wahnsinnigen.

Die Erzählung *Lenz*

Woyzeck gehört trotz der Bruchstückhaftigkeit zu den meistgespielten Stücken und zu den wirkungsreichsten Dichtungen des 19. Jahrhunderts. Das Werk ist der markante Beginn des deutschen sozialen Dramas. Der arme, auch etwas einfältige Soldat Woyzeck wird von seinem Hauptmann ausgebeutet, von einem Doktor zum Versuchsgegenstand degradiert, von allen gedemütigt. Als ihm dann auch noch ein Tambourmajor die Geliebte abspenstig macht, ermordet er sie, wobei er sich von inneren Stimmen getrieben fühlt – Wahnvorstellungen, die wieder Reflexion des chaotischen Zustands der Welt

Das Dramenfragment *Woyzeck*

sind. Den Stoff entnahm Büchner der Realität. Er kannte gerichtsmedizinische Gutachten, die die Zurechnungsfähigkeit eines Mörders dieses Namens diskutierten.

Erstveröffentlichungen

Nach Büchners Tod veröffentlichte derselbe Karl Gutzkow, der schon den Druck des *Danton*-Dramas vermittelt hatte, in seiner Zeitschrift 1838 *Leonce und Lena*, 1839 *Lenz*. Erst 1879 gab es eine einigermaßen vollständige und taugliche Ausgabe sämtlicher Werke, mit der ersten unzensierten Veröffentlichung von *Dantons Tod*. Auf die Bühne kamen Büchners Stücke noch später: Die erste Aufführung erlebte *Leonce und Lena* 1895 in München durch Schriftsteller und Literaturfreunde, *Dantons Tod* 1902 in Berlin an der Neuen Freien Volksbühne, *Woyzeck* 1913 im Münchener Residenztheater.

❸ Schnellcheck

Übersicht 1: Danton

Übersicht 2: Robespierre

Übersicht 3: Die politischen Leitideen

Übersicht 4: Das Volk

Übersicht 5: „Fatalismus der Geschichte“

Übersicht 6: Sinnleere des Lebens

Übersicht 7: Die Darstellung der Revolution

Übersicht 8: *Dantons Tod* als Geschichtsdrama

Übersicht 1: Danton

Danton und seine Anhänger

- Danton ist neben Robespierre **Hauptfigur** des Dramas,
- **Revolutionär**,
- **Gegenspieler** von **Robespierre**.
- Zu seinen **politischen Anhängern**, die **auch** seine **Freunde** sind, gehören vor allem **Camille** und **Lacroix**, **Philippeau** und **Hérault**.

Politisches Programm

- Die Danton-Fraktion fordert das Ende des revolutionären **Terrors**,
- eine **Rückbesinnung** auf die **Menschen-** und **Bürgerrechte** und die „Reorganisation" der Revolution (I,1).
- Diese Ziele werden allerdings **fast nur von Dantons Freunden** vertreten, er selbst verhält sich eher passiv.
- **Öffentliche Auftritte** des politischen Danton sind die **Ausnahme**.

Dantons Skepsis

- Danton tritt **nicht** als **großer, entschlossener Revolutionär auf,**
- ihn beschäftigen **philosophisch-existentielle Probleme** mehr als politische Grundsatzfragen.
- **Nihilismus** und **Epikureismus** bestimmen sein Denken und Fühlen,
- er glaubt, die Geschichte sei über ihn als Revolutionsführer hinweggegangen (Geschichts-**Fatalismus**),
- er **zweifelt am Sinn politischer Aktivität.**

Dantons Widersprüchlichkeit

Charakteristisch für Danton, der oft unsicher wirkt, zweifelt und sucht, ist die **Widersprüchlichkeit seines Denkens** und **Handelns.**

- So wünscht er sich z. B. den Tod und die Ruhe im Grab (in I,1 als Leitmotiv eingeführt), wehrt sich aber dennoch, teils verzweifelt, gegen das Sterben-Müssen (vgl. z. B. III,7; IV,3).
- Obwohl er die Möglichkeit zwischenmenschlicher Kommunikation grundsätzlich bestreitet, bewahrt er Freundschaft und menschliche Zuwendung, vor allem gegenüber Camille (IV,3) und Julie (III,7; IV,3).

Übersicht 2: Robespierre

Robespierre und seine Anhänger

- Robespierre ist neben Danton **Hauptfigur** des Dramas,
- **Revolutionsführer** und **Kontrahent der Dantonisten.**
- Zu seinen Anhängern gehören **Saint-Just,** Funktionäre des Revolutionstribunals, Mitglieder des Wohlfahrtsausschusses.

Politisches Pogramm

- Robespierre ist überzeugt, dass die **Revolution fortgesetzt** werden und auf die Änderung der Herrschaftsverhältnisse die **soziale Revolution** folgen müsse.

Robespierres öffentliches Auftreten

- Robespierre sucht den öffentlichen **Auftritt vor großem Publikum,**
- gewinnt durch **rhetorisch geschicktes Agitieren** die wichtigsten politischen Gruppen für sich: das Volk, die Jakobiner, den Konvent,
- verfügt über ein starres, **ungebrochenes Sendungsbewusstsein,**
- gleitet mitunter in **Demagogie** ab, unterstellt z. B. den Dantonisten eine konspirative Zusammenarbeit mit „den Königen" (I,3).

Robespierres Schreckensherrschaft

- Robespierre nimmt **blutigen Terror** in Kauf, um seine politischen Ziele durchzusetzen. Er fordert: „Keinen Vertrag, keinen Waffenstillstand mit den Menschen, welche nur auf Ausplünderung des Volkes bedacht waren [...]". (I,3)
- Auch Danton und seine Anhänger erklärt er wegen ihrer liberalen politischen Forderungen zu Feinden.
- Er glaubt, sein **grausames Vorgehen** sei **politisch** und **moralisch gerechtfertigt**: „Das Laster muss bestraft werden, die Tugend muss durch den Schrecken herrschen." (I,6)

Übersicht 3: Die politischen Leitideen

Danton und seine Anhänger

- Sie **bestreiten** eine Normen setzende, metaphysische Instanz,
- einen **allgemein gültigen Sinn** der **Geschichte**,
- begreifen stattdessen das **diesseitige Lebensglück des Einzelnen** als richtungsweisend.
- Dieser **materialistische Epikureismus** ist Grundlage und Ziel ihres liberalen politischen Programms: „Jeder muss sich geltend machen und seine Natur durchsetzen können." (I,1)

↔

Robespierre und Saint-Just

- Sie stehen in der **Tradition idealistischer Philosophie:** Robespierre beruft sich auf Rousseau; Saint-Just zitiert den „Weltgeist" (II,7), eine Formulierung, mit der Büchner auf Hegel anspielt).
- Sie glauben, die Befreiung des Volkes, die **Durchsetzung des Allgemeinwohls,** sei **Ziel der Geschichte,**
- fühlen sich diesem Ziel als Revolutionäre verpflichtet,
- sind überzeugt, damit im **Interesse der ganzen Menschheit** zu **handeln,**
- **stellen** das **eigene Lebensglück zurück.**

↓

- Robespierre und Saint-Just fühlen sich **berufen,** das **Volk zu leiten,** und halten sich dabei für **unfehlbar,**
- sie sind zugleich **geschickte, rücksichtslose Taktiker,** die immer auch auf den **Ausbau** ihrer **persönlichen Machtposition** bedacht sind.

↓

- Das Leben der Dantonisten ist vor allem von **Lebensgenuss, Sinnlichkeit,** auch von **Ausschweifungen** geprägt (vgl. Camilles Schönheitskonzeption in I,1 und II,3; die Lacroix-Szene; I,5).
- Robespierre wirft ihnen darum einen **privilegiert-aristokratenhaften Lebensstil** vor (I,3),
- sie selbst wirken, als bleibe ihnen **wahres Lebensglück verwehrt.**

Übersicht 4: Das Volk

Die Volksszenen nehmen einen recht breiten Raum im Drama ein. Zu den wichtigen Auftritten des Volkes, dessen **Armut Ausgangspunkt** der **Revolution** ist, gehören die Szenen I,2; II,2; II, 6; III, 10.

Das **Volk entscheidet** den **Machtkampf zwischen Danton** und **Robespierre:** Nach anfänglichem Schwanken folgt es Robespierre; die Dantonisten lehnt es wegen ihres ausschweifenden Lebensstils ab.

Büchner **idealisiert** das **Volk nicht.** Vielmehr zeigt er es mit ungeschöntem **Realismus** in seiner **Widersprüchlichkeit** und **Fragwürdigkeit.**

Drei charakteristische Eigenschaften des Volkes

Materielle Lage

- Das Volk lebt in **Not** und **Elend,**
- seine materielle Lage ruft Mitleid hervor,
- die Forderung nach sozialen Verbesserungen drängen sich auf.

Unberechenbarkeit

- Die **Stimmung** des Volkes **schwankt**, schlägt plötzlich in **anarchistische Begeisterung** für eine radikale Lösung des Armutsproblems um (vgl. z. B. die Lynchszene; I,2),
- das Volk ist nicht zuletzt aufgrund seiner Not **anfällig für** die **Demagogie** Robespierres (vgl. III,10).

Komische und groteske Züge

- Sie verkörpert vor allem der **betrunkene Kleinbürger Simon,**
- sein Pathos im Streit mit seiner Frau, die er beschimpft und verprügelt, wirkt komisch überhöht, seine moralische Entrüstung über die Prostitution seiner Tochter heuchlerisch (vgl. I,2).

Übersicht 5: „Fatalismus der Geschichte“

Dantons mangelnder Handlungswille

- Von Dramenbeginn an erscheint **Danton resigniert** und **passiv**, weder auf Machterhaltung noch auf Machterweiterung bedacht.
- Ihn **lähmt** vor allem die **Überzeugung**, dass dem **Verlauf der Geschichte** eine **Eigendynamik** innewohne, die sich **über** den **Menschen** und seine Entscheidungen einfach **hinwegsetze** und ihn **hindere, frei** und **selbstbestimmt zu handeln**. Berühmt ist Dantons Formulierung: „Die Revolution ist wie Saturn, sie frisst ihre eigenen Kinder.“ (I,5)

„Fatalismus der Geschichte“
Büchner formuliert seine Auffassung von einer **eigendynamisch verlaufenden Geschichte** bereits vor dem Danton-Drama in einem Brief an seine Braut. Er spricht dort von dem **„grässlichen Fatalismus der Geschichte“.**

Beispiele für Dantons Fatalismus

- Danton glaubt, die **Geschichte habe ihn überholt:** Das Dogma der Revolution sei Robespierre (vgl. II,1). Er selbst sei nur noch ein toter Heiliger, eine Reliquie, die man auf die Gasse wirft (II,1) oder bestenfalls im Arsenal aufhebt (I,5).
- Angesichts der **Septembermorde** fühlt sich Danton schuldig, bestreitet aber zugleich, eine andere politische Wahl gehabt zu haben. Er spricht von einem **„Fluch des Muss“** (II,5), der ihn gezwungen habe, das **historisch Notwendige** zu tun und dabei **Schuld** auf sich zu laden.
- Er **glaubt nicht an** die Idee der **Willensfreiheit**, vergleicht sich vielmehr mit einer **Marionette,** die **ohnmächtig** ist und von **fremden Gewalten gelenkt** wird: „Puppen sind wir, von unbekannten Gewalten am Draht gezogen; nichts, nichts wir selbst!“ (II,5)

Übersicht 6: Sinnleere des Lebens

Atheismus und Nihilismus

Danton und seine Freunde **glauben nicht an** eine **metaphysische Instanz**, die dem Leben und dem Weltgeschehen Sinn und Ausrichtung verleihen könnte. Das zeigt sich besonders deutlich in ihren Diskussionen über das menschliche Leiden und den Tod, die den III. und IV. Akt des Dramas beherrschen.

- **Payne** sieht im menschlichen Schmerz den „Fels des Atheismus" (III,1), **zweifelt** also angesichts des menschlichen Leidens **an** der **Existenz Gottes.**
- **Danton,** der sich selbst einen Atheisten nennt (vgl. III,7), **glaubt nicht an** eine **Erlösung im Tod,** hebt den Unterschied zwischen Leben und Tod schließlich auf: „Da ist keine Hoffnung im Tod, er ist nur eine einfachere, das Leben eine verwickeltere, organisierte Fäulnis, das ist der ganze Unterschied". (III,7)
- Er bekennt sich, überzeugt von der Sinnlosigkeit des individuellen Lebens wie des Weltgeschehens, kurz vor seinem Tod vollends zum **Nihilismus:** „Die Welt ist das Chaos. Das Nichts ist der zu gebärende Weltgott." (IV, 5)

⬇

Dantons Leiden an der Sinnleere

Dantons **Zweifel am Sinn der Welt** und **allen menschlichen Handelns zermürben** und **lähmen** ihn ebenso wie sein Geschichtsfatalismus. Das zeigt sich nicht erst im III. und IV. Akt.

- In II,1 **klagt** er **melancholisch** über die **Langweiligkeit** des Lebens, dessen **sinnlos wiederkehrende Gleichförmigkeit,**
- in der Promenaden-Szene (II,2) **lacht** er **höhnisch** über die Leute, die sich **angesichts** der **Sinnleere** in ihrem Tatendrang **nicht lähmen** lassen,
- in II,4 veranlasst ihn seine **Skepsis gegenüber** jeder Art von **zielstrebigem Handeln,** den Fluchtversuch abzubrechen.

Übersicht 7: Die Darstellung der Revolution

Büchner zeigt die **Revolution** nicht im Moment des Aufbruchs, sondern in einer **kritischen Phase.**

Dantonisten

- Sie **stehen zu** den bisher erfolgten **Umwälzungen,**
- **glauben** aber **nicht an** Sinn und Berechtigung einer **Weiterführung der Revolution,**
- vertreten ein **Reformprogramm** (Reorganisation statt Revolution, Begnadigung der aus dem Konvent Ausgeschlossenen),
- wenden sich **gegen Robespierres Politik des Terrors.**

↔

Robespierre

- Er **kämpft für** eine **Fortsetzung** und **soziale Ausrichtung** der Revolution,
- ist ebenso wie Saint-Just überzeugt, **im Sinne der Menschheit** zu handeln.

Kritik an Danton und Robespierre

- **Danton** und seine Anhänger sind belastet durch ihren **privilegierten** und teils **auschweifenden Lebensstil.**
- **Robespierre** folgt einer **starren Ideologie,**
- will ihr mit **blutigem Terror** zu **Allgemeingültigkeit** verhelfen.

Das Volk

- Es befindet sich in größtem **Elend,**
- entscheidet sich gegen Dantons Reformkurs und **für Robespierre.**
- Seine **Armut** löst im **Zusammenwirken mit** den individuellen **Eigenarten** und **Schwächen der Beteiligten** eine **Eigendynamik des revolutionären Geschehens** aus.
- **Büchner** nimmt **nicht Partei** für die **Ausgebeuteten,**
- **analysiert** vielmehr die **Gründe** für das **Scheitern** der Danton-Fraktion und der Revolution insgesamt.

Übersicht 8: *Dantons Tod* als Geschichtsdrama

Dantons Tod ist ein Geschichtsdrama.

- Büchners Darstellung der Französischen Revolution zeichnet sich nicht nur durch große **Faktentreue** und **historische Genauigkeit** aus,
- vor allem versucht Büchner, das **Wesen des historischen Geschehens** zu **erfassen** und zu **deuten.**

Dantons Tod ist ein Gegenentwurf zum Geschichtsdrama der Klassik, z. B. zu Schillers Wallenstein-Trilogie.

Wallenstein-Trilogie	Dantons Tod
• Politisch handelnde **Figuren** (vgl. Piccolomini, Wallenstein) **behalten** im Konflikt zwischen individuellen Neigungen und verpflichtenden Normen ihre **Entscheidungsfreiheit.**	• Dantons **fatalistische Vorstellung** von einer eigendynamisch verlaufenden Geschichte **raubt** ihm seine **Willens- und Entscheidungsfreiheit.**
• **Wallenstein** ist eine **einzigartige Persönlichkeit**, die den Verlauf der **Geschichte** auf geniale Weise **gestaltet, beherrscht** und **trägt.** Von ihm heißt es im Stück, dass er „eine Welt […] mit sich reißen" würde, sollte er stürzen (Die Piccolomini, V,3; 2639 f.).	• **Danton** hat **keine Gestaltungskraft**, weil er von **Skepsis** und **Fatalismus** gelähmt ist. Auch **Robespierre** gestaltet den Lauf der Geschichte nicht. Vielmehr wird er **von** den **Verhältnissen getrieben**, bleibt er abhängig von den schwankenden Launen des Volkes.

1. Die Exposition

Vorliegende Szene: *Dantons Tod* I,1

Aufgabenstellung

Analysieren Sie die drei Phasen der Eingangsszene:
1.11. Zeigen Sie, wie Büchner einen Teil der Hauptfiguren einführt.
1.22. Arbeiten Sie heraus, welche Hauptthemen des Dramas in der Eingangsszene angelegt sind.
1.33. Überlegen Sie, was zu einer Exposition aller Hauptpersonen noch nachgeholt werden muss.

Lösungsvorschläge

(1)
- Danton wird zuerst sichtbar im Spielsalon, also inmitten der „Ausschweifungen", die Robespierre später als Gefahr für die Republik brandmarken wird (I,3 u. ö.).
- Trotz dieses frivolen Hintergrunds lassen die zunächst befremdlichen Äußerungen Dantons gegenüber Julie sein zentrales Thema anklingen, nämlich das Bewusstsein der Vereinsamung, der Unmöglichkeit zwischenmenschlicher Kommunikation, der Sinnlosigkeit, das zum Todeswunsch führt. Dies Bewusstsein bestimmt wesentlich Dantons (jetzige) Haltung und lähmt sein Handeln.

(2)
- Veranlasst durch die Nachricht, dass wieder „Opfer gefallen" sind, entwickeln drei Danton-Freunde ein Gegenprogramm gegen die von Robespierre und Saint-Just vertretene Politik des Terrors. Trotz der grundsätzlichen Übereinstimmung werden Unterschiede deutlich. Philippeau fordert konkret das Ende des Terrors und die Einrichtung eines Gnadenausschusses. Hérault verkündet ein Programm des bürgerlichen Liberalismus, fordert Rechte statt Pflichten („Jeder muss in seiner Art genießen können"). Camille setzt Lebensbejahung, Lebensgenuss und Schönheitsfreude gegen die Genussfeindlichkeit der Robespierre-Fraktion. Die lebensbejahende, poetische und emotionale Haltung ist für die Figur Camilles durchgehend charakteristisch. Sie zeigt sich in seiner Kunstauffassung (II,3) ebenso wie in seiner Beziehung zu Lucile (II,3 u. ö.) und sie bestimmt später seine Verzweiflung angesichts des Todes (III,7; IV,3; IV,5). Von den Danton-Freunden fehlt übrigens in dieser Szene Lacroix; er tritt erst I,4 und I,5 auf.

- Während des Wechselgesprächs der Freunde bleibt Danton selbst stumm. Erst als Camille ihn direkt anspricht, distanziert er sich von dem Aktivismus seiner Anhänger. Seine „Faulheit" (so Lacroix in II,1) ist die Folge seiner Einsicht in die Sinnlosigkeit allen Handelns und des Bewusstseins, überholt zu sein. Dies Bewusstsein des Überholtseins wird später in II,1 expliziert („Ich bin eine Reliquie"). Vor allem entwickelt dann die Szene II,5 das Fatalismus-Thema, d. h. die Unmöglichkeit selbstbestimmten Handelns („Puppen sind wir, von unbekannten Gewalten am Draht gezogen; nichts, nichts wir selbst").
- Charakteristisch für Danton, für seine Echtheit, ist seine Abneigung gegen „gespreizte Catonen". Sie unterscheidet ihn von Robespierres pathetischer und oft demagogischer Rhetorik, wie sie in der folgenden Szene deutlich wird.

(3)

- Was zur vollständigen Exposition noch fehlt, ist einerseits das persönliche Auftreten der Gegenspieler, also Robespierres und der Jakobiner, deren Programm ja durch das Gegenprogramm der Danton-Fraktion schon erkennbar geworden ist. Das wird in I,2 und I,3 nachgeholt. Dort wird der Dantons Haltung genau entgegengesetzte Aktivismus Robespierres sichtbar, sein geschicktes und demagogisches Taktieren und Agitieren, sein Auftreten vor größeren Mengen.
- Vor allem aber fehlt noch eine wichtige Personengruppe, von der die Entscheidung des Kampfes zwischen Danton und Robespierre wesentlich abhängen wird: das Volk. In der folgenden Szene I,2 wird deutlich: Die katastrophale materielle Lage des Volkes ist Grundlage der revolutionären Unruhen. Das Volk ist unberechenbar und anfällig für Demagogie; und es ist gefährlich. Später in III,9–10 ist das plötzliche Umschlagen der Volksstimmung entscheidend für den Ausgang des Prozesses.
- Es werden in I,2 aber auch die grotesken Züge des Volkes sichtbar, die die Entscheidungskompetenz der Volksmenge fragwürdig erscheinen lassen.

2. Die Volksszenen

Vorliegende Szene: *Dantons Tod* I,2

Aufgabenstellung

1.41. Interpretieren Sie die Szene, indem Sie zeigen, wie die verschiedenen Personengruppen inhaltlich und sprachlich charakterisiert werden.
1.52. Welche Funktion haben die Volksszenen in Büchners Drama? Ziehen Sie dazu auch die anderen Volksszenen heran.

Lösungsvorschläge

(1)

- Vorgestellt wird das Volk in seiner Vielfältigkeit. Sein materielles Elend ist Ausgangspunkt und Grundlage der Revolution. Wer die Not zu beseitigen verspricht, wird das Volk gewinnen.
- Das ernste Thema wird mit einem grotesken Auftritt eingeführt. Der Souffleur Simon beschimpft seine Frau, weil sie die Tochter zur Kuppelei angehalten hat. Komisch erscheint sein verunglücktes überhöhtes Pathos. Tragödienverse neben groben Schimpfwörtern, bei der revolutionstypischen römischen Drapierung unterlaufen grobe Schnitzer („Vestalin“ für Kupplerin). Die mit seinem Pathos kontrastierenden groben, aber ehrlichen Kommentare seiner Frau (teilweise in unbeholfen-volkstümlicher Sprache) entlarven seine Tugend-Ideologie als Heuchelei. Die ironisch-derben Kommentare des Zweiten Bürgers tragen noch zur Komik des Auftritts bei.
- Der Stil ändert sich mit dem Eingreifen des Ersten Bürgers, der die Gelegenheit zur Propaganda für eine radikale Enteignung und Beseitigung der Besitzenden nutzt. Der Dritte Bürger verschärft die Propaganda noch, indem er den Angriff auch gegen die Neureichen der Revolution richtet. Charakteristisch für beide Sprecher ist der einhämmernde Stil mit anaphorischen Aufzählungen. Auffallend und erschreckend ist beim Dritten Bürger die geradezu kannibalische Ausdrucksweise („ihnen die Haut von den Schenkeln ziehen und uns Hosen daraus machen“, „ihnen das Fett auslassen und unsere Suppen mit schmelzen“).
- Die beiden Reden führen zu anarchistischer Begeisterung für eine radikale Lösung des Problems der Armut durch „Totschlagen“ aller, die sich von der untersten Schicht der Armen unterscheiden. Die Lynchjustiz an dem Jungen Menschen wird zwar verhindert (nicht durch seine Bitte um Erbarmen, aber durch ein glückliches Bonmot). Doch auch nach dem Auftreten Robespierres hält die anarchistische Tendenz noch an. Der Dritte Bürger fordert

ein schnelleres Arbeiten der Guillotine und der Erste Bürger beweist, dass es im Namen des Gesetzes kein Gesetz mehr gebe.

- Robespierre ist von Anhängern begleitet, die ihm als dem richtigen Wegweiser Gehör verschaffen. Ein Weib preist ihn geradezu hysterisch als einen Messias.
- Robespierre weiß geschickt die Wut des Volkes in die ihm genehme Bahn zu lenken. Seine Rede zeigt ein ungebrochenes, wirklich ‚messianisches' Sendungsbewusstsein: Die Hände des Volkes seien unentrinnbar, aber die „untrügbaren" Gesetzgeber müssten sie führen. Die Sprache ist so außerordentlich überhöht, dass sie eher unwahr wirkt („Armes, tugendhaftes Volk!"; „Du offenbarst dich unter Blitzstrahlen und Donnerschlägen").
- Der ernüchterte Simon widerruft pathetisch die Beschimpfung seiner Frau, die er jetzt sein „tugendreich Gemahl" nennt. Das groteske Pathos dieses Szenenschlusses parodiert und entlarvt das Tugendpathos der Robespierre-Rede.

(2)

- Die wichtige Funktion des Volkes: Hunger und Armut der Massen (und die dadurch bedingte Anfälligkeit für Demagogie) entscheiden den Ausgang des Kampfes zwischen Robespierre und Danton. Das war in I,2 erkennbar und wird erst recht in III,10 deutlich, wo die Stimmung des Volkshaufens vor dem Justizpalast nach anfänglichem Schwanken von Danton zu Robespierre hinüberschwenkt, und zwar wegen des ausschweifenden Lebensstils der Dantonisten.
- Die grotesken Züge des Volks kehren in II,6 wieder, wo Simon das Verhaftungskommando in Dantons Haus führt. Die Dissonanz zwischen Simons übertriebenem Pathos und den Zoten der Bürgersoldaten schafften einen krassen Gegensatz zu der in II,5 vorausgegangenen kritischen Selbstanalyse Dantons. Sind solche Bürger kompetent für die Entscheidung?
- In IV,4 bildet die Szene der Fuhrleute, die die Dantonisten zur Hinrichtung fahren sollen, mit ihren Wortspielen, Witzen und Zoten einen schrillen Kontrast zu dem wahnsinnig-klarsichtigen Monolog Luciles im zweiten Szenenteil und auch zu den ernsthaften Reflexionen der zum Tode Verurteilten in IV,3.
- Erst recht zeigt die Szene IV,7 vor der Guillotine, mit den singenden und tanzenden Männern und Weibern und ihren höhnischen Kommentaren, dass der Tod für dieses Volk ein Lustspiel geworden ist.
- Die Würde im Tod setzt die Dantonisten trotz ihres fragwürdigen Lebensstils ins Recht.

3. Danton-Freunde und Robespierre-Anhänger

Aufgabenstellung

1.61. Analysieren Sie die politischen bzw. philosophischen Grundsätze Dantons und Robespierres.
1.72. Vergleichen Sie mit diesen Grundsätzen das Verhalten der Anhänger der beiden Parteiführer.

Lösungsvorschläge

(1)

- Zum Zeitpunkt des Dramas ist Danton nicht mehr der große Revolutionär. Ihn lähmt die Einsicht in die Unmöglichkeit selbstbestimmten Handelns, in den „grässlichen Fatalismus der Geschichte". Am deutlichsten wird das in der Nacht-Szene II,5: „Puppen sind wir, von unbekannten Gewalten am Draht gezogen; nichts, nichts wir selbst!"; im gleichen Sinn auch II,1: „Wir haben nicht die Revolution, sondern die Revolution hat uns gemacht".
- Dantons Konsequenz ist der Verzicht auf ein Handeln, das auf ein Ziel der Geschichte hinarbeitet. Deshalb lehnt er auch die Ausschaltung politischer Gegner ab: „Wo die Notwehr aufhört, fängt der Mord an" (I,6); und II,1: „Ich will lieber guillotiniert werden, als guillotinieren lassen [...]. Wir sollten uns nebeneinander setzen und Ruhe haben". Was bei Camille Aufforderung zu Schönheits- und Lebensgenuss ist, klingt bei Danton resignierter. Aber auch er ist der Überzeugung: „Es gibt nur Epikureer [...]. Jeder handelt seiner Natur gemäß, d. h. er tut, was ihm wohl tut" (I,6). Später in III,4 verteidigt Danton sehr engagiert sein früheres aktives Handeln für die Revolution. Der Umschwung in seiner Haltung dürfte durch die Prozesssituation bedingt sein.
- Robespierre glaubt an die Möglichkeit, den Lauf der Geschichte zu beeinflussen – gegebenenfalls mit Gewalt. Deshalb bekennt er sich zu der TerrorPolitik. Die zentrale Stelle dafür ist seine Rede vor den Jakobinern, I,3. Angeblich geht es Robespierre um die Verbesserung der materiellen Verhältnisse des Volkes. Doch tatsächlich wird von einem sozialen Programm nichts erkennbar, sondern sein Denken kreist immer wieder um den Kampf gegen das Laster. In der Auseinandersetzung mit Danton (I,6) beginnt er eine der ersten Äußerungen mit den Worten: „Die soziale Revolution ist noch nicht fertig". Aber am Ende derselben Passage verschiebt er die Argumentation ins Moralische: „Das Laster muss bestraft werden, die Tugend muss durch den Schrecken herrschen".
- In der praktischen Aktion verfährt Robespierre gern demagogisch; so etwa, wenn er den Dantonisten unterstellt, sie seien „Menschen, welche nur auf

Ausplündrung des Volkes bedacht waren". Man wird ihm aber zubilligen müssen, dass nach seiner Überzeugung durch Beseitigung der Ausbeuter-Klasse die sozialen Probleme sich sozusagen von selbst lösen würden.

(2)

- Das Programm der Danton-Freunde wird gleich in der Eingangsszene vorgestellt: Ende des Mordens, Einrichtung eines Gnadenausschusses, Selbstbestimmung der Art der Lebensführung, Lebensbejahung und Lebensgenuss. Ihre Haltung stimmt also im Prinzip mit der Dantons überein, nur dass sie allerdings an die Möglichkeit politischen Handelns glauben, weil sie nicht wie Danton von einer Erfahrung der Sinnlosigkeit, des „Fatalismus der Geschichte" gelähmt sind.
- In Stil und Ton sind die Freunde recht unterschiedlich: der poetische, schönheitsbejahende, sehr menschliche Camille; der rational-zynische Lacroix; der naiv-fromme Philippeau; der aristokratische, leichtfertige Hérault. Das ändert nichts an ihrer grundsätzlichen Übereinstimmung mit Danton und untereinander. Sie gehören zusammen durch die gemeinsame politische Grundhaltung und durch ihre menschliche Verbundenheit (in die auch Danton einbezogen ist – trotz seiner Überzeugung von der Unmöglichkeit zwischenmenschlicher Kommunikation, vgl. I,1).
- Robespierre dagegen hat Parteigänger, aber keine Freunde. Seine Anhänger im Revolutionstribunal und im Wohlfahrtsausschuss sind zwielichtige Gestalten, die zu dem hohen Tugend-Ideal Robespierres nicht passen. In III,2 planen die Mitglieder des Revolutionstribunals die Manipulation des DantonProzesses; in III,6 bestimmt auch Saint-Just den Prozessverlauf durch „Märchen", an die er selbst nicht glaubt.
- Besonders belastet werden in III,6 die Mitglieder des Wohlfahrtsausschusses: durch die überaus zynischen Bescheide auf Bittschriften Gefangener; durch ihre Distanzierung von den hohen Ansprüchen Saint-Justs und Robespierres und durch das Eingeständnis, in dem ‚Lasterort' Clichy zu verkehren. Barrère gesteht sich selbst in dem Monolog am Ende von III,6, dass er nur aus Feigheit der Sache Robespierres folgt. Und Dumas, der Präsident des Revolutionstribunals, gibt in IV,2 ziemlich unverblümt zu, dass er die Guillotine benutzt, um seine Frau loszuwerden (ein krasser Gegensatz zu den Dantonisten-Frauen Julie und Lucile, die ihren Männern in den Tod folgen).
- Anders Saint-Just, der engste Mitarbeiter Robespierres. Er ist entschlossen und gelegentlich skrupellos (etwa III,6) in seinem Handeln, doch sein Handeln stimmt zu seinen Ideen. Allerdings unterscheidet sich sein Denkansatz von dem Robespierres. Während dieser moralisch argumentiert, denkt er naturwissenschaftlich. In seiner großen Rede II,7 setzt er den Menschen mit der unbelebten Natur gleich: Eine Idee dürfe genauso wie z.B. ein Erdbeben vernichten, was sich ihr widersetze. Die Revolutionäre sind für ihn Diener des „Weltgeistes"; über Einzelschicksale dürfen sie ungerührt hinweggehen.

4. Robespierres Monologe

Vorliegende Szene: *Dantons Tod* I,6

Aufgabenstellung

1.81. Skizzieren Sie kurz die Hauptthesen der Auseinandersetzung zwischen Danton und Robespierre und analysieren Sie dann die weitere Entwicklung von Robespierres Gedanken in seinen Monologen.

1.92. Vergleichen Sie die Szene (nach Dantons Abgang) mit Situation und Inhalt der Danton-Szene II,5.

Lösungsvorschläge

(1)

- Die Auseinandersetzung zwischen Danton und Robespierre:
- – Danton fordert ein Ende der Terror-Politik.
- – Robespierres These: Weil die (soziale) Revolution noch nicht fertig sei, müsse die Tugend weiter durch den Schrecken herrschen.
- – Danton leugnet, dass Tugend ein absoluter Wert sei. Robespierres Tugend-Ideal sei nur eine Ideologie, die er sich nach seinen persönlichen Bedürfnissen zurechtgemacht habe.
- Robespierres erster Monolog: Robespierre kommt nicht hinweg über Dantons Behauptung, Robespierres Ideal als Ideologie entlarvt zu haben („die Absätze von den Schuhen treten"), als eine persönliche Sichtweise, neben der es auch andere geben könne („um bei deinen Begriffen zu bleiben"). Der bisher so selbstsichere Robespierre ist durch Danton verunsichert; er fragt sich, ob sein Vorgehen gegen Danton im Grunde nur der Eifersucht entspringt. Der Versuch, sich noch einmal der politischen Notwendigkeit zu versichern, hält nicht stand; der Selbstzweifel kommt „immer wieder" und zeigt „mit blutigem Finger" auf ihn. In expressiven Bildern spricht Robespierre von dem nächtlichen Vordringen kaum geahnter Wünsche aus dem Unterbewusstsein und fragt sich, ob sein Handeln am Tage wirklich von rationalen Prinzipien gelenkt wird oder ob es nur „ein hellerer Traum" sei.
- Saint-Justs energische Forderung nach sofortigem Handeln schiebt Robespierres Selbstzweifel vorübergehend beiseite. Doch der Verweis auf einen Zeitungsartikel Camilles veranlasst Robespierre zwar, den Prozess gegen die Dantonisten gutzuheißen, stürzt ihn aber in neue Verunsicherung, so dass er nur wie gehetzt zustimmt.
- Robespierres zweiter Monolog: Jetzt wird Robespierre von den Formulierungen Camilles verfolgt, er sei ein „Blutmessias, der opfert und nicht ge-

opfert wird". Er akzeptiert diese Formel, indem er ‚opfern' als ‚erlösen' deutet: Er erlöse die Menschheit, indem er sie von ihren aussätzigen Gliedern befreie. Am Schluss steht das Bewusstsein der Vereinsamung und Verlassenheit. Konsequenterweise tritt er danach im Drama nicht mehr auf.

(2)
- II,5 ist eine deutlich zum zweiten Teil von I,6 parallel strukturierte Szene: Es ist Nacht. Der Monologisierende wird von Zweifeln befallen und bemüht sich um Selbstrechtfertigung. Ein Vertrauter (Saint-Just/Julie) versucht ihn zu stärken. Der Monologisierende äußert sich in expressiven Bildern, zuletzt setzt er sein Handeln zum Tod Christi in Beziehung.
- Dantons Gewissen wird von den Septembermorden gequält, die er als „garstige Sünden" empfindet, die er dann aber mit Hilfe Julies als politische Notwendigkeit rechtfertigt. Er versteht sich jetzt als eine bloße Marionette. Nicht er gestaltete die Geschichte, sondern er wurde von den Ereignissen geschleift – und zwar von „unbekannten Gewalten" getrieben, nicht wie Robespierre vom eigenen Unterbewusstsein. Auch Danton setzt sein Handeln in Beziehung zum Tod Christi. Doch während Robespierre für sich die Rolle des Heilsbringers und Erlösers in Anspruch nimmt, sieht Danton sich als den Verräter, Judas: „Es muss ja Ärgernis kommen, doch wehe dem, durch welchen Ärgernis kommt". Die Szene endet in Resignation: Danton ist jetzt „ruhig", insofern er sich mit der Rolle des vom Schicksal Getriebenen abgefunden hat.

5. Danton: Sprache – Stil – Haltung

Vorliegende Szene: *Dantons Tod* III,4

Aufgabenstellung

1.101. Interpretieren Sie die Danton-Rede in III,4 sprachlich und inhaltlich.
1.112. Vergleichen Sie die Rede sprachlich und inhaltlich mit Dantons Äußerungen in II,1 und II,5 und interpretieren Sie dabei die Unterschiede.

Lösungsvorschläge

(1)

- Dantons Verteidigungsrede vor dem Revolutionstribunal arbeitet mit allen Mitteln der Rhetorik und Pathetik. Das Stilmittel der Anapher beispielsweise hämmert die Thesen, Forderungen und Fragen Dantons nachdrücklich ein (z.B. „Mich klagt man an …, mich fordert man auf …"). Im Lauf der Rede steigert sich Danton von sachlichen Formulierungen zu kühnen, expressiven Metaphern am Schluss („Meine Stimme […] wird ohne Mühe die Verleumdung zurückweisen" ↔ „Meine Stimme war der Orkan, welcher die Satelliten des Despotismus unter Wogen von Bajonetten begrub"). Am Schluss greift er auch zu dem kannibalischen Pathos, das offenbar revolutionstypisch ist (vgl. den Dritten Bürger in I,2): „Ich habe die junge Brut der Revolution mit den zerstückten Leibern der Aristokraten geätzt".
- Inhaltlich beginnt Danton mit der sachlichen Forderung, mit den Anklägern und Zeugen konfrontiert zu werden. Dann führt er als Argumente für sich seine Taten für die Revolution an, zu denen er sich nicht nur bekennt (auch zu den Septembermorden!), sondern für die er Ruhm und Ehre beansprucht.
- Die eindrucksvolle Selbstdarstellung als großer Revolutionär könnte durchaus Erfolg haben. Der Beifall der Zuhörer wird stärker; die Ankläger geraten in Verlegenheit (III,6). In III,9–10 steht die Entscheidung des Volkes wirklich auf der Kippe. Doch Danton selbst glaubt nicht an einen Freispruch. Wiederholt spricht er von seiner Überzeugung, dass seine „Wohnung […] bald im Nichts" sein werde. Mit dem leidenschaftlichen Plädoyer will er nicht eigentlich sein Leben verteidigen, sondern vielmehr seine Ehre. Sein ganzes Lebenswerk soll nicht von den Gegnern in den Schmutz gezogen werden, sondern „im Pantheon der Geschichte" aufgehoben bleiben.

(2)

Ganz anders Dantons Haltung und Stil in II,1. Das Gespräch mit den Freunden ist geprägt von dem Bewusstsein der gleichförmigen Sinnlosigkeit des Lebens

und der Aussichtslosigkeit der Lage der Dantonisten. Die Redeweise ist nüchtern und unpathetisch. Die Belege für die Aussichtslosigkeit werden sachlich referiert. Durch Camilles Übersetzung ins Pathetische wird die Nüchternheit von Dantons Formulierungen noch hervorgehoben. Am Schluss führt das Gefühl der Sinnlosigkeit zu zynischer Resignation: „Was liegt daran? [...] Ob sie nun an der Guillotine oder am Fieber oder am Alter sterben?"
In diesem nüchternen Gespräch formuliert Danton aber auch Einsichten und Überzeugungen, die seine gegenwärtige Haltung wesentlich bestimmen: „Wir haben nicht die Revolution, sondern die Revolution hat uns gemacht"; „Ich will lieber guillotiniert werden, als guillotinieren lassen"; „Wir sollten uns nebeneinander setzen und Ruhe haben". Das Gespräch endet dann freilich mit der oberflächlichen Selbsttäuschung Dantons: „Sie werden's nicht wagen".

In der nächtlichen Szene II,5 ist Danton im Grunde mit sich und seinen Gedanken allein, auch wenn Julie ihm zur Seite zu stehen versucht. Sein Gewissen wird von der Erinnerung an die Septembermorde verfolgt (die er hier „garstige Sünden" nennt, während er sie in III,4 zu seinen großen Taten zählt). Diesem Gehetzt-Sein entsprechend sind Vorstellungen und Sprechweise äußerst expressiv: Die Gedanken reden mit den Lippen der Steine, durch alle Gassen schreit es ... Nüchtern-reale Denkweise („die Erde hat fünf Weltteile") kann sich dagegen nicht durchsetzen. Es folgt die Alptraum-Vision von dem Reiten auf der Erdkugel, das in Wirklichkeit ein Geschleift-Werden ist.
Julie bringt dann in einhämmernder Wechselrede Danton zu einer realistischen Denkweise zurück („Das war kein Mord"; „Das war Notwehr"). Der Widerspruch zwischen der Notwendigkeit der Tat und ihrer Verwerflichkeit führt Danton zu der Überzeugung, dass der Mensch nur Marionette sei, „von unbekannten Gewalten am Draht gezogen". Das ist eine Überzeugung, die man als verzweifelte Einsicht in die Unfreiheit menschlichen Handelns deuten kann, aber auch als billigen Trost.

Die drei Szenen zeigen drei Seiten Dantons; die Unterschiede sind durch die Situation bedingt. II,1 zeigt den sozusagen normalen, alltäglichen Danton im Kreis seiner Freunde. II,5 gibt einen Einblick in die Seele Dantons, in die Albträume, mit denen er (fast) allein ist. Sie erklärt damit auch das Nachlässige und stellenweise Zynische seines alltäglichen Stils, mit dem er diese Albträume zu überdecken sucht.
Das Revolutionspathos der Verteidigungsrede III,4 kontrastiert inhaltlich und sprachlich sehr stark mit den beiden anderen Szenen. Grund ist die Verteidigungs-Situation, wobei es Danton aber wesentlich um die Verteidigung seines ganzen Lebenswerks geht. Es bleibt offen, ob seine Selbstzweifel hier geschwunden sind oder ob er sich leidenschaftlich gegen sie wehrt.

6. Danton und Camille angesichts des Todes

Vorliegende Szene: *Dantons Tod* IV,3

Aufgabenstellung

1.121. Analysieren Sie die Haltung Dantons und Camilles in der Szene IV,3 und vergleichen Sie diese mit der Szene IV,5.
1.132. Überlegen Sie, welche Funktion der IV. Akt im Ganzen Drama hat.

Lösungsvorschläge

(1)

- Es ist die Nacht vor der Hinrichtung; die Gefangenen müssen sich mit dem immer näher rückenden Tod auseinandersetzen. Danton beginnt mit dem brutal-zynischen Beschreiben der Realität: „Morgen sind wir durchgelaufne Schuhe". Aber er kann diese Haltung des unbeteiligten Darüberstehens nicht durchhalten. Ihn verfolgt die Vorstellung, dass sich die Wände immer enger um ihn zusammenschieben. Noch einmal versucht er sich einzureden, dass der Mensch genauso Verbrauchsmaterial sei wie eine durchgerutschte Hose. Aber auch diesmal hilft ihm der lebensverneinende Zynismus nicht. Am Ende der Passage muss er sich eingestehen, dass seine argumentierenden Vergleiche nicht über das Leiden am Tod hinweghelfen, so dass er Camille zustimmen muss: „'s ist so elend sterben [zu] müssen". Dass Julie ihn nicht „allein gehen" lassen will, berührt ihn. Es ist die einzige Stelle im Drama, an der er so direkt von seiner Beziehung zu ihr spricht. Er wird sterben können, aber er hätte „anders sterben mögen, so ganz mühelos". In einem poetischen Bild beklagt er den Zustand der Welt, der eine solche Mühelosigkeit verhindert. Die Passage bezieht sich auf Julies Szenen IV,1 und vor allem IV,6. Doch Julie gelingt es, „leise" zu gehen. Das Bild von der untergehenden Sonne ist nicht so trostlos wie das von den „schimmernden Tränen" über einen „großen Jammer".
- Die Gedanken Camilles sind hier wie auch sonst immer wieder von der Sorge um Lucile bestimmt (vgl. III,1 und III,9). Die sehr enge Beziehung zwischen Camille und Lucile ist ein Grundzug der beiden Gestalten und wird von ihnen immer wieder in emotionalen Formulierungen ausgesprochen. Hier in IV,3 versucht sich Camille in sehr poetischen Bildern zu verdeutlichen, dass es einfach unmöglich sei, dass man Lucile töten könnte, und angesichts der Schrecklichkeit der Vorstellung begreift er die Schrecklichkeit des Sterbens. Seine Passage findet ihr Pendant in Luciles Szene IV,8. Camilles Alptraum, wie „ein Ertrinkender unter der Eisdecke" einge-

schlossen zu sein, spiegelt diese Hilflosigkeit des Sterben-Müssens wie Dantons Vorstellung von den sich zusammenschiebenden Wänden.

- Die Szene IV,5 bringt die letzten Gedanken der Gefangenen vor dem Abtransport zur Hinrichtung zum Ausdruck. Auch hier beginnt Camille mit dem Gedanken an Lucile, deren Wahnsinn er vom Fenster des Gefängnisses aus bemerkt hat (IV,4), aber seinen Äußerungen fehlt der lyrische Ton, sie klingen resigniert. Danton beginnt mit einer objektiven Einschätzung der politischen Lage (u. a. der Voraussage von Robespierres Tod). Doch bei beiden drängt sich dann die Überzeugung von der Sinnlosigkeit in den Vordergrund. Auch Camille denkt jetzt nicht an Lucile und weiß nichts mehr von Liebe und Schönheit. Sie schließen, im Wechsel mit den Freunden, mit einem leidenschaftlichen, in eindringlichen Bildern formulierten Protest gegen die Sinnlosigkeit des Lebens und des Leidens: „Die Welt ist das Chaos“.

(2)

- Der IV. Akt treibt die Handlung nicht weiter voran. Dass die Dantonisten hingerichtet werden, ist seit III,9–10 klar. Es geht vielmehr um die Darstellung von Befindlichkeiten, um die Haltung der Dantonisten angesichts des Todes, um die Haltung von Julie und Lucile und um die Einstellung der Jakobiner und ihrer Anhänger, um die Politik des Terrors.
- Die Guillotinen-Politik wird als unmenschlich entlarvt: durch die Fragwürdigkeit ihrer Vertreter in Revolutionstribunal und Wohlfahrtsausschuss (Akt III), vor allem aber durch die Konfrontation mit dem Leiden der Opfer. Es wird nicht übersehen, dass die Dantonisten früher selbst diese Politik vertreten haben. In III,3 hält Mercier den neu Eingelieferten vor: „Geht einmal euren Phrasen nach, bis zu dem Punkt, wo sie verkörpert werden“. Genau das geschieht im IV. Akt und es zeigt sich, dass angesichts des Sterben-Müssens weder Danton seine zynische Haltung durchhalten kann noch Camille seinen Glauben an Schönheit und Liebe. Noch eindringlicher als der laute Protest der Dantonisten sprechen das stille Leiden Julies und das ergreifende Klagen Luciles gegen die Guillotinen-Politik. Lucile allerdings protestiert gegen diesen Tod und sie sucht für ihren Protest die Öffentlichkeit. Sie wählt für ihr Todesurteil ein öffentliches Bekenntnis gegen *diese* Republik. Denn ihre Totenklage gilt nicht nur Camille, sondern den ‚vielen hunderttausend ungezählten‘ Opfern der Revolution.
- In Briefen Büchners und im *Hessischen Landboten* gibt es Äußerungen, die Gewalt und auch Blutvergießen als notwendig und berechtigt erscheinen lassen. Angesichts dessen darf man *Dantons Tod* notfalls nicht einfach als Stellungnahme gegen die Revolution lesen. Es geht Büchner um die Darstellung einer Epoche mit ihren positiven und negativen Seiten und ihren Entartungen, um die menschlichen Leiden, die sie mit sich bringt, und um den Verlust des Glaubens an einen Sinn des Lebens, den sie zur Folge hat.

7. Julie und Lucile

Vorliegende Szenen: *Dantons Tod* IV,1 und IV,6; IV,4 und IV,8–9

Aufgabenstellung

1.141. Interpretieren Sie die Szenen Julies und Luciles im IV. Akt. Arbeiten Sie dabei Ähnlichkeiten und Unterschiede der beiden Figuren heraus.

1.152. Zeigen Sie, ausgehend von diesen Szenen, welche Bedeutung die beiden Frauen für Büchners Drama haben.

Lösungsvorschläge

(1)

- IV,1: Auf die Gewissheit, dass man Danton töten wird, reagiert Julie auf die für sie charakteristische Art: leise, gefasst, mit wenigen Worten. Deutlich sind ihre enge Verbundenheit mit Danton und ihre Zuwendung.
- IV,6: Ungefähr gleichzeitig mit Dantons Tod nimmt Julie Gift. Sie möchte ihn „keinen Augenblick [...] warten lassen". Im Gegensatz zu dem leidenschaftlichen Protest der Männer gegen den Tod (IV,5) lehnt sie sich nicht auf, sondern zeigt sich auch hier leise und gefasst: „Es ist so hübsch Abschied zu nehmen". Danton hat in seiner Reaktion auf Julies Botschaft in verwandten Bildern gesprochen (IV,3; – es ist seine lyrischste Stelle im Stück). Doch im Gegensatz zu seiner Frau erreicht er die Gefasstheit nicht: „Doch hätte ich anders sterben mögen, so ganz mühelos, so wie ein Stern fällt". Bei ihm steht die Klage über den Zustand der Welt am Ende. Die Sterne sind ihm „schimmernde Tränen"; „es muss ein großer Jammer in dem Aug sein, von dem sie abträufelten". Für Julie dagegen spiegelt sich die Todesstunde im Bild der untergehenden Sonne, deren Züge zwar „still und ernst" sind, aber dennoch von Schönheit umspielt. Die Sonne ist zugleich ein Bild für Danton. Julie geht „leise": „Schlafe, schlafe."
- Die beiden leisen, in geschlossenen Räumen stattfindenden Szenen Julies werden brutal von revolutionären Straßenszenen kontrastiert. Auf Julies Treuebekenntnis folgt die Szene, in der Dumas sich ungerührt dazu bekennt, dass die Guillotine ihn bald von seiner Frau trennen werde; wahrscheinlich hat er die Trennung sogar gewünscht. Auf Julies Tod folgt das anarchische Treiben auf dem Revolutionsplatz.
- Dieselbe Kontrastierung erfolgt im Fall Luciles noch krasser jeweils innerhalb der Szene. In allen drei Fällen beansprucht Lucile die Hälfte der Szene, deren andere Hälfte von dem Revolutionstreiben beherrscht wird. Diese

direkte Konfrontation trifft die sanfte, emotionale Lucile besonders stark.

- IV,4: Man hat Lucile schon in II,3 kennen gelernt. Sie ist weicher als Julie, ihr Empfinden und Sprechen ist gewissermaßen lyrisch. Tatsächlich singt sie in drei ihrer Szenen Volksliedverse. Sie teilt sich nicht in logisch zusammenhängenden Sätzen mit, sondern ihr Fühlen äußert sich spontan und bildhaft. Da sie so stark aus ihrer Seele heraus lebt, trifft die Bedrohung für Camille sie zutiefst. Schon in II,3 hat sie die Vision, dass ein Toter im Zimmer gelegen hätte. Nach der Verhaftung Camilles ist sie wahnsinnig geworden. Als sie ihn am vergitterten Fenster des Gefängnisses erblickt, glaubt sie ihn in einem Steinrock und mit eiserner Maske zu sehen und klagt, dass er sich in dieser „unleidliche[n] Tracht" nicht zu ihr bücken könne, um sie zu küssen. Sie will ihn zu sich locken, wie ein Mädchen heimlich den Liebsten lockt. Sie kann das drohende „Sterben" Camilles nicht fassen, sie will die Bedrohung für einen Scherz halten.
- IV,8–9: Schließlich fängt Lucile an, „so was zu begreifen". Doch sie protestiert in sehr emotionalen, ergreifenden Formulierungen gegen diesen Tod, durch den „die Erde [...] eine Wunde bekommen" müsste, während tatsächlich doch „alles wie sonst" bleibt. Auf den Stufen der Guillotine sitzend, singt sie eine Totenklage für Camille. Durch ihr öffentliches Hoch auf den König spricht sie sich selbst das Todesurteil. Wie Julie will auch Lucile mit ihrem Mann sterben. Doch Julie akzeptiert den Tod, geht „leise" und stirbt in ihrem privaten, von der Öffentlichkeit abgeschiedenen Bereich. Lucile dagegen protestiert bis zuletzt gegen diesen Tod (die Hinrichtung Camilles durch die Revolutionsmänner), und sie sucht für ihren Protest die Öffentlichkeit: Sie wählt für ihr Todesurteil ein öffentliches Bekenntnis gegen (diese) Republik.

(2)

- Das stille Leiden Julies und das ergreifende Klagen Luciles zeugen eindringlich gegen die Politik der Massen-Hinrichtungen. Durch die Gegenüberstellung mit dem Zynismus des Dumas und der brutalen Rohheit der Weiber und Henker wird die Eindringlichkeit der Darstellung noch verstärkt. Lucile hält in der letzten Szene des Dramas die Totenklage nicht nur für Camille, sondern wohl für die Opfer der Revolution überhaupt, für die ‚ungezählten vielen Hunderttausend'.

8 Die Struktur des Dramas

Vorliegende Szene: *Dantons Tod* II,2

Aufgabenstellung

1.161. Skizzieren Sie Aufbau und Inhalt der Szene.
1.172. Überlegen Sie, welche Funktion diese Szene im Ganzen des Dramas hat.
1.183. Beschreiben Sie, von II,2 ausgehend, die Bauform von Büchners Drama und vergleichen Sie diese mit der klassischen Dramenstruktur (z. B. von Schillers *Don Carlos*, *Wallenstein* oder *Maria Stuart*).

Lösungsvorschläge

(1)
Das Bild des Treibens auf einer Promenade in voneinander unabhängigen Teilszenen:
Simon hilft einem Bürger bei der Findung eines revolutionsgerechten Namens für ein neugeborenes Kind, eine der ins Komische verzerrten Simon-Szenen. Dazwischen schlägt ein Bänkelsänger das Thema des ärmlichen Lebens der kleinen Leute an. Zwei ‚Herren' (also Bessergestellte) streiten mit einem Bettler über den Wert der Arbeit: Nicht alle Armen wollen wirklich arbeiten. Zwei Prostituierte sind auf Kundenfang. Danton wittert Unzucht in der Atmosphäre. Eine Dame mit ihrer Tochter und deren Kavalier machen Konversation im Stil des Ancien Régime. Danton fragt sich, weshalb angesichts der allgemeinen Sinnlosigkeit die Leute überhaupt noch handlungsfähig sind. Zwei Herren sprechen über ein neues Theaterstück, das von einer Weltbewältigung durch bizarre technische Konstruktionen träumt, doch so, dass einem davon schwindelt. Der eine Herr fürchtet sich vor einer Pfütze, weil da die dünne Erdkruste durchbrechen könnte.

(2)
Die Szene hat keinerlei Funktion für die Entwicklung der Handlung. Sie dient der Darstellung des Hintergrunds, vor dem sich die Handlung vollzieht. Skizziert wird einerseits die gegenwärtige Phase der Revolution mit ihren Überspanntheiten und Fragwürdigkeiten (das Revolutionspathos, dem die revolutionären Bürger nicht so ganz gewachsen sind; das unechte Geplauder der guten Gesellschaft, die es also – neben den Revolutionsgewinnlern – auch noch gibt). Andererseits wird das Thema des sinnlosen und chaotischen Zustands der Welt über den konkreten Handlungsbezug hinaus vertieft (das Gespräch der beiden Herren; besonders einprägsam die Vorstellung von der Brüchigkeit der Erdkruste).

(3)

- *Dantons Tod* ist ein Drama der „offenen Form" (Klotz): Die streng handlungsbezogene Funktionalität aller Teile, die für die klassische Dramenstruktur bestimmend ist, ist aufgegeben. Stattdessen setzt Büchner Szenen nebeneinander, die keinen konkreten Bezug zueinander haben. Auch innerhalb der einzelnen Szenen herrscht oft ein Nebeneinander von relativ unabhängigen Teilszenen. Es gibt auch Szenen, die nicht der Handlung dienen, sondern lediglich der Charakterisierung von Situationen oder Personen (vgl. außer II,2 z.B. Camilles kunsttheoretische Äußerung in II,3; besonders charakteristisch die Dumas-Szene IV,2, die den Gegensatz zur Treue Julies herausarbeitet, IV,1 und IV,6).
- Auch in Schillers Dramen herrscht nicht unbedingt eine „Einheit des Ortes"; aber es gibt bei ihm weder eine solche Vielfalt der Schauplätze wie in *Dantons Tod* noch ein so schroffes Nebeneinander von kontrastierenden Szenen und Orten (charakteristisch gleich der Anfang des Dramas: I,1 – Spielsalon/I,2 – Straße).
- Aufgegeben ist bei Büchner das 5-Akte-Schema mit dem entscheidenden Höhepunkt im dritten Akt (in *Don Carlos* III,10: Posas Audienz bei Philipp; in *Wallensteins Tod* III: der Zusammenbruch von Wallensteins Macht; III,18: die Auseinandersetzung Wallenstein/Max; in *Maria Stuart* III, 4: die Begegnung der Königinnen). Büchners Drama hat 4 Akte, mit einem starken Einschnitt in der Mitte hinsichtlich Situation, Atmosphäre und Stimmung. Ein Höhepunkt im traditionellen Sinn liegt in *Dantons Tod* weit vorn: das Streitgespräch zwischen Danton und Robespierre in I,6.
- Während die Personen der Schiller-Dramen seit *Don Carlos* mehr oder weniger alle derselben gehobenen Schicht angehören und dieselbe gehobene Sprache sprechen, stoßen bei Büchner nicht nur verschiedene soziale Schichten aufeinander, sondern auch verschiedene Sprachschichten (die Sprache der Dantonisten, der Revolutionäre, des Volkes). In den Volksszenen finden sich auch ungrammatische Volkssprache und Dialekt. All dies ist in Schillers klassischen Dramen so wenig denkbar wie die Zweideutigkeiten und Zoten in Büchners Drama. Die realistische Darstellung „der Schöpfung, die glühend, brausend und leuchtend [...] sich jeden Augenblick neu gebiert" (Camille in II,3) verträgt natürlich keine Verse, die andererseits für die idealistischen Tragödien Schillers fast zwangsläufig zu dem gehobenen Stil gehörten.

Literaturhinweise

Ausgaben

Büchner, Georg: Sämtliche Werke und Briefe. Historisch-kritische Ausgabe mit Kommentar. Hrsg. von Werner R. Lehmann. Bd. 1. München: Hanser, 1972.

– Werke und Briefe. Nach der historisch-kritischen Ausgabe von Werner R. Lehmann. Kommentiert von Karl Pörnbacher, Gerhard Schaub, Hans-Joachim Simm und Edda Ziegler. München/Wien: Hanser, 1980.

Sekundärliteratur

Literatur für Schüler

Behrmann, Alfred / Wohlleben, Joachim: Büchner, *Dantons Tod*. Eine Dramenanalyse. Stuttgart/Düsseldorf/Leipzig: Klett, 1980.

Frizen, Werner: Georg Büchner: *Dantons Tod*. Interpretation. München: Oldenbourg, 1990.

Funk, Gerald: Georg Büchner: *Dantons Tod*. Erläuterungen und Dokumente. Stuttgart: Reclam, 2002.

Hauschild, Jan-Christoph: Georg Büchner. Überarbeitete und erweiterte Neuausgabe. Reinbek bei Hamburg: Rowohlt, 2004.

Hinderer, Walter: Büchner-Kommentar zum dichterischen Werk. München: Winkler, 1977.

Knapp, Gerhard P.: Georg Büchner. 3., vollständig überarbeitete Aufl. Stuttgart/Weimar: Metzler, 2000.

Seidel, Jürgen: Georg Büchner. München: Deutscher Taschenbuch Verlag, 1998.

Voges, Michael: *Dantons Tod*. In: Georg Büchner: *Dantons Tod*, *Lenz*, *Leonce und Lena*, *Woyzeck*. Stuttgart: Reclam, 1990. (Interpretationen.)

Weiterführende Literatur

„Georg Büchner I/II“. Hrsg. von Heinz Ludwig Arnold. München: edition text + kritik, 1979.

Becker, Peter von: Die Trauerarbeit im Schönen. Notizen zu einem neu gelesenen Stück. In: Peter von Becker (Hrsg.): Georg Büchner. *Dantons Tod*. Kritische Studienausgabe des Originals mit Quellen, Aufsätzen und Materialien. Frankfurt a. M. ²1985.

Benn, Maurice B.: The Drama of Revolt. A Critical Study of Georg Büchner. Cambridge 1976.

Bluche, Frédéric: Danton. Übers. von Inge Baxmann. Stuttgart 1988. [Französische Originalausgabe von 1984.]

Klotz, Volker: Geschlossene und offene Form im Drama. München ²1962.
Krapp, Helmut: Der Dialog bei Georg Büchner. München ²1970.
Lukács, Georg: Der faschistisch verfälschte und der wirkliche Georg Büchner. In: Georg Büchner. Hrsg. von Wolfgang Martens. Darmstadt 1965. S. 197–224. (Wege der Forschung.)
Meier, Albert: Georg Büchners Ästhetik. München 1983.
Paul, Ulrike: Vom Geschichtsdrama zur politischen Diskussion. Über die Desintegration von Individuum und Geschichte bei Georg Büchner und Peter Weiss. München 1974.
Poschmann, Henri: Georg Büchner. Dichtung der Revolution und Revolution der Dichtung. Berlin/Weimar 1983.
Schulin, Ernst: Die Französische Revolution. München ²1989.
Soboul, Albert: Kurze Geschichte der Französischen Revolution. Aus dem Französischen von B. Schwibs und J. Heilmann. Berlin 1996. (Wagenbach Taschenbuch.)
Ueding, Cornelie: *Dantons Tod* – Drama der unmenschlichen Geschichte. In: Geschichte als Schauspiel. Deutsche Geschichtsdramen. Interpretationen. Hrsg. von Walter Hinck. Frankfurt a. M. 1981. S. 210–226. (suhrkamp taschenbuch.)
Viëtor, Karl: Die Tragödie des heldischen Pessimismus. In: Georg Büchner. Hrsg. von Wolfgang Martens. Darmstadt 1965. S. 98–137. (Wege der Forschung.)
Wender, Herbert: Der Dichter von *Danton's Tod*. Ein ‚Vergötterer der Revolution'. In: Georg Büchner. 1813–1837. Revolutionär – Dichter – Wissenschaftler. Katalog der Ausstellung Mathildenhöhe Darmstadt. 2. August – 27. September 1987. Basel / Frankfurt a. M. 1987. S. 218–226.
– Georg Büchners Bild der Großen Revolution. Zu den Quellen von *Danton's Tod*. Frankfurt a. M. 1988.

Stichwortverzeichnis